Kurs- und Übungsbuch mit Audios und Videos

B1.1

Deutsch echt einfach

für Jugendliche

AF202079

von
Giorgio Motta

bearbeitet von
E. Danuta Machowiak
Ulrike Trebesius-Bensch (Phonetik)
Jan Szurmant (Landeskunde, Zwischenstopps)
Beata Ćwikowska (Videostationen)

Alles Digitale zu diesem Buch kann auf der Lernplattform **allango** von Ernst Klett Sprachen abgerufen werden. So geht's:

QR-Code scannen oder **www.allango.net** aufrufen | Buchtitel oder ISBN in der Suche eingeben und auf das Buchcover klicken | Zum Inhalt navigieren, direkt abrufen oder speichern

Ernst Klett Sprachen
Stuttgart

Informationen und zu diesem Titel passende Produkte finden Sie auf
www.klett-sprachen.de/deutsch-echt-einfach

1. Auflage   1 $^{8\,7\,6}$ | 2026 25 24

Giorgio Motta
© Original Work: Giorgio Motta „DAS – Lehrwerk für Deutsch"
Published by Loescher Editore, Torino (Italia) 2015. All rights reserved.
Editorial coordination: Elena Rivetti

Giorgio Motta
bearbeitet von E. Danuta Machowiak, Ulrike Trebesius-Bensch (Phonetik),
Jan Szurmant (Landeskunde, Zwischenstopps), Beata Ćwikowska (Videostationen)

Deutsch echt einfach
Internationale Ausgabe:
© Ernst Klett Sprachen GmbH, Rotebühlstr. 77, 70178 Stuttgart, 2018.
Alle Rechte vorbehalten. Die Nutzung der Inhalte für Text- und Data-Mining ist
ausdrücklich vorbehalten und daher untersagt.
www.klett-sprachen.de

Redaktion: Beata Ćwikowska, Daria Miedziejko
Lektorat: Michael Krumm (MK Lektorat), Lüneburg
Layoutkonzeption: grundmanngestaltung, Karlsruhe
Gestaltung und Satz: grundmanngestaltung, Karlsruhe
Umschlaggestaltung: Annette Siegel
Illustrationen: Monika Fucini, Turin
Reproduktion: Meyle + Müller GmbH + Co. KG, Pforzheim
Druck und Bindung: Elanders Waiblingen GmbH

ISBN 978-3-12-676534-3

9 783126 765343

Inhaltsverzeichnis
Kursbuch-Teil

Übungsbuch-Teil

Verwendete Symbole

AB-Übungen 1–8   Hinweis auf passende Übungen im Übungsbuch

> HÖREN ▶ 12   Titelnummer der Aufnahme

> FILM 9 ▶   Hinweis auf den passenden Videofilm

Projektecke   Projekte für Gruppenarbeit

B 9 Bilde Sätze.   Übungen zum passenden Teil der Lektion im Kursbuch

DEUTSCH IM UNTERRICHT

Würden Sie bitte die Aufnahme noch einmal vorspielen?

Hallo, alle zusammen! Guten Morgen!

Ich habe leider nicht gehört, was Sie gesagt haben.

Wer erzählt uns, wie Schokolade gemacht wird?

Hast du gehört, wie lang der Aufsatz sein soll?

Bauernfrühstück? Was ist eigentlich damit gemeint?

Diese Grammatik ist schwierig. Könnten Sie das noch einmal erklären?

Anna, sag mir bitte, musst du unbedingt gerade jetzt telefonieren? Du weißt doch: Handys im Unterricht sind verboten …

ı kann mich kaum konzentrieren, mein Kopf tut weh.

Müssen wir den Dialog auswendig lernen?

Ich möchte wissen, wie dieses Wort ausgesprochen wird.

Steffi, kannst du mir bitte deinen Kuli leihen?

Könntest du mir zeigen, was du geschrieben hast?

Du hast hier einen Fehler gemacht.

Dieser Hörtext ist so kompliziert, ich verstehe fast nichts.

Salim, könntest du bitte meine Frage beantworten?

Heute beschäftigen wir uns mit dem Thema „Umwelt".

Guten Tag! Entschuldigung für meine Verspätung! Ich habe meinen Bus verpasst.

Heute sprechen wir über soziale Netzwerke.

Ich habe eure Klassenarbeit schon korrigiert.

Wie wär's mit einer kurzen Pause?

Ich habe keine Ahnung, wie man diese Aufgabe löst.

Lektion 19 PLÄNE FÜR DIE ZUKUNFT

A Was willst du werden?

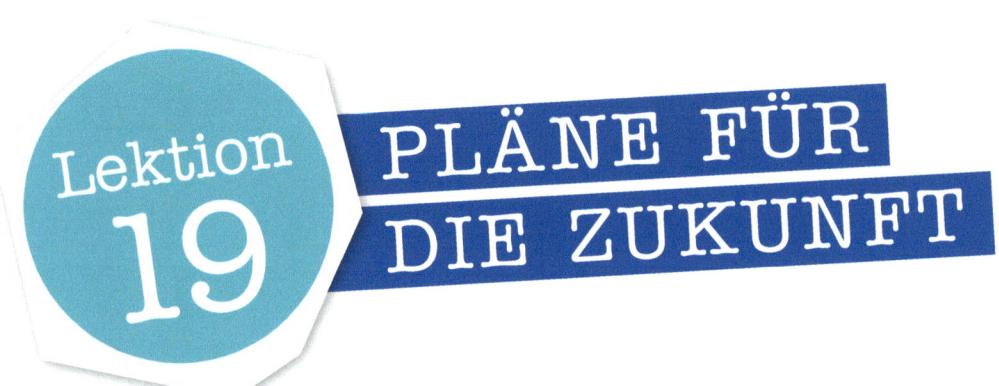

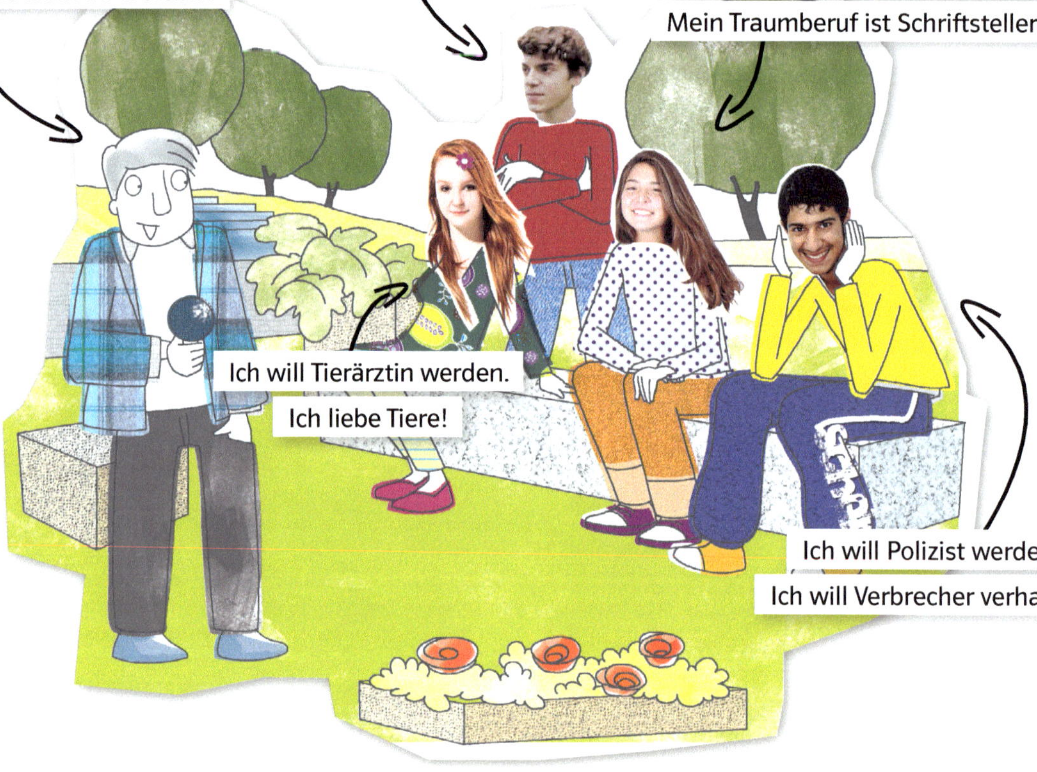
Hallo, Leute, habt ihr schon Pläne für die Zukunft? Was wollt ihr werden?
Ich will Manager werden. Karriere ist für mich wichtig.
Ich lese gern, ich schreibe gern … Mein Traumberuf ist Schriftstellerin.
Ich will Tierärztin werden. Ich liebe Tiere!
Ich will Polizist werden. Ich will Verbrecher verhaften.

1 Hör zu und lies mit. Bilde dann Sätze. > HÖREN ▶ 1

Julia		Polizist			gerne	mag.
Fabian	will	Schriftstellerin	werden, weil	er	Tiere	verhaften will.
Mesut		Tierärztin		sie	Verbrecher	machen will.
Hanna		Manager			Karriere	liest und schreibt.

2 Welcher Beruf ist das? Ordne zu. > WORTSCHATZ

    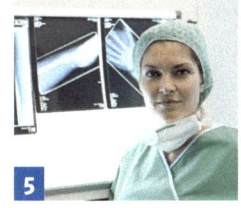

a.	Friseurin	f.	Lehrerin	k.	Ärztin
b.	Polizist	g.	Mechaniker	l.	Bauingenieur
c.	Programmierer	h.	Fußballspieler	m.	Krankenpfleger
d.	Model	i.	Managerin	n.	Musikerin
e.	Gärtner	j.	Koch	o.	Flugbegleiterin

Grammatik

der Lehrer   **die** Lehrer**in**
der Musiker   **die** Musiker**in**
der Koch   **die** Köch**in**

3 Zur Kontrolle. Hör zu und sprich nach. > HÖREN ▶ 2

4 Ich frage, du antwortest … Bildet Dialoge. > SPRECHEN

- Was ist der Mann auf Bild 4 von Beruf?
- Er ist Polizist (von Beruf).

- Was ist die Frau auf Bild … von Beruf?
- Sie ist … (von Beruf).

5 Kettenfragen. > SPRECHEN

Was willst du werden? ▶ Ich will Manager werden. Und du? Was willst du werden? ▶ Ich will Friseurin werden. Und du? Was …

6 Was gehört zusammen? Ordne zu. > WORTSCHATZ

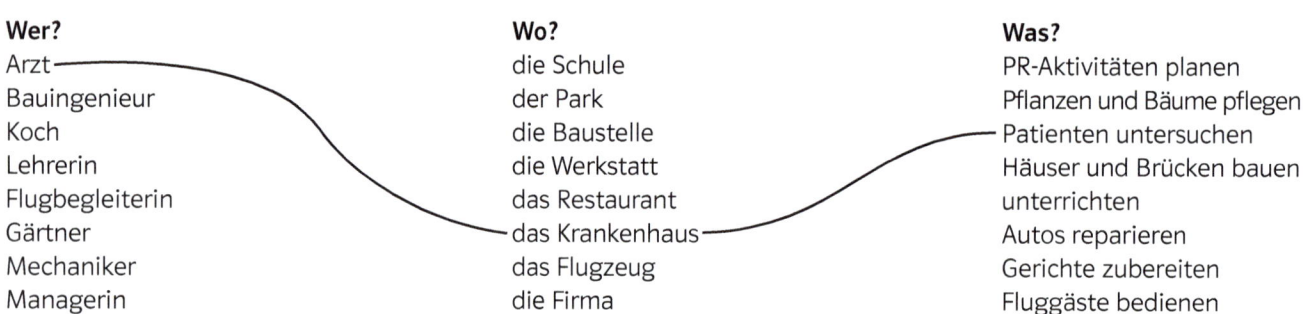

Wer?	Wo?	Was?
Arzt	die Schule	PR-Aktivitäten planen
Bauingenieur	der Park	Pflanzen und Bäume pflegen
Koch	die Baustelle	Patienten untersuchen
Lehrerin	die Werkstatt	Häuser und Brücken bauen
Flugbegleiterin	das Restaurant	unterrichten
Gärtner	das Krankenhaus	Autos reparieren
Mechaniker	das Flugzeug	Gerichte zubereiten
Managerin	die Firma	Fluggäste bedienen

7 Bildet Dialoge. Verwende den Wortschatz aus 6. > SPRECHEN

- ● Was ist ein Bauingenieur?
- ● Ein Bauingenieur ist **ein Mann**, **der** auf der Baustelle arbeitet und **der** Häuser und Brücken baut.

- ● Was ist eine Lehrerin?
- ● Eine Lehrerin ist **eine Frau**, **die** in der Schule unterrichtet.

Grammatik

Relativpronomen (Nominativ)
ein Mann, **der** … arbeitet
eine Frau, **die** … unterrichtet
ein Kind, **das** … lernt
Menschen, **die** … reparieren

8 Wie findest du die Arbeit eines / einer …? Bildet Dialoge. > SPRECHEN

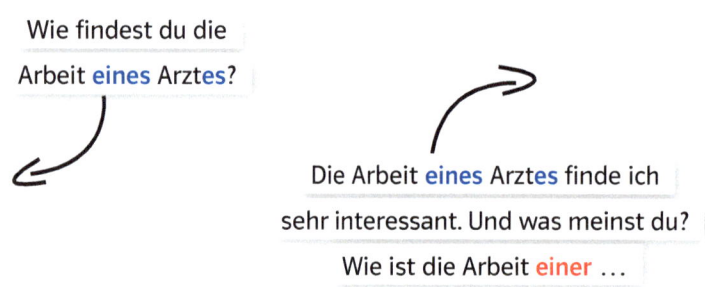

Wie findest du die Arbeit **eines** Arztes?

Die Arbeit **eines** Arztes finde ich sehr interessant. Und was meinst du? Wie ist die Arbeit **einer** …

Grammatik

Genitiv
eines / **des** Lehrer**s**
einer / **der** Musikerin
eines / **des** Model**s**

eines / **des** Polizist**en**
eines / **des** Journalist**en**

die Arbeit	**eines**	Koch**es** / Mechaniker**s** / Manager**s** / Lehrer**s** … / Polizist**en** / Journalist**en** / Fotograf**en** / …
	einer	Musikerin / Polizistin / Sekretärin / Friseurin / …
	eines	Model**s** …

gut bezahlt · interessant · stressig
gefährlich · spannend · schwer
kreativ · langweilig · anstrengend

9 Jugendliche über ihre Pläne. Hör zu und ergänze. > HÖREN ▶ 3

Name	Nicole	Lukas	Melanie
Was werden?			
Warum?			
Die Arbeit: wie?			

B Ein Schuljahr im Ausland

AB-Übungen
1 – 13

Nächstes Jahr werde ich ein ganzes Schuljahr an einer High School in den USA verbringen. Ich will diese Erfahrung machen, um selbstständig zu werden und mich persönlich weiterzuentwickeln. In Boston werde ich bei einer Gastfamilie wohnen und dadurch den amerikanischen Lebensstil kennen lernen. Eine bessere Methode, um eine andere Kultur intensiv zu erleben und die Sprachkenntnisse zu verbessern, gibt es nicht! Zehn Monate sind natürlich eine lange Zeit. Ich war noch nicht so lange weg von zu Hause. Ich weiß, ich werde ab und zu Heimweh haben und meine Familie vermissen. Aber ich werde das schon schaffen! Damit die Kontakte zu meinen Freunden nicht abreißen, werde ich sie regelmäßig online treffen oder einfach mit ihnen skypen. Nach diesem Auslandsjahr werde ich ohne Probleme weltweit studieren können. So ein Schuljahr ist nicht gerade billig: 8500 Euro kostet das ganze Programm. Zum Glück habe ich ein Stipendium bekommen und werde nur den Flug bezahlen.

10 Lies den Text und verbinde die Satzteile. > LESEN

1. Sophie wird ein Schuljahr
2. Sophie wird die Erfahrung machen,
3. In Boston wird sie
4. Sophie weiß, dass sie
5. Sophie wird mit den Freunden skypen,
6. Sophie wird nicht viel bezahlen,

a. bei einer Gastfamilie wohnen.
b. um mit ihnen in Kontakt zu bleiben.
c. weil sie ein Stipendium hat.
d. in den USA verbringen.
e. ihre Familie vermissen wird.
f. um eine andere Kultur kennen zu lernen.

11 Zur Kontrolle. Hör zu und sprich nach. > HÖREN ▶ 4

12 Was wird Sophie machen? Bilde Sätze. > WORTSCHATZ

Sophie wird ein Schuljahr in den USA verbringen.

Grammatik

Futur I
Ich **werde** mit Freunden **skypen**.
Sie **wird** bei einer Familie **wohnen**.

13 Ich frage, du antwortest … Bildet Dialoge. > SPRECHEN

Sophie, **wozu** willst du ins Ausland gehen?

Ich will ins Ausland gehen, **um** meine Sprachkenntnisse **zu** verbessern.

Grammatik

Wozu? ▶ **um … zu**
Um Englisch **zu** sprechen.
Um ins Ausland **zu** fahren.
Um mit Freunden **zu** skypen.

ein Jahr in den USA verbringen / den amerikanischen Lebensstil kennen lernen
eine High School besuchen / eine neue Erfahrung machen
nach New York fliegen / die Freiheitsstatue sehen
bei einer Gastfamilie wohnen / jeden Tag Englisch sprechen
Skype installieren / mit den Freunden skypen

14 Bildet weitere Dialoge. Benutzt den Wortschatz aus 13. > SPRECHEN

Vati, ich will ein Jahr in den USA verbringen.

Gut, Sophie, ich werde alles tun, **damit** du ein Jahr in den USA verbringen kannst.

Vati, ich will …

Grammatik

damit ⟶ 🏃 Verb

Ich mache alles,
damit du Fremdsprachen **lernst**.
damit du nach Amerika fahren **kannst**.

15 Lies die E-Mail von Sophie und ergänze die Sätze mit deinen eigenen Worten. > LESEN

von Sophie	**an** Vati

Betreff Grüße aus Boston

Liebe Eltern,

ich bin nun schon zwei Wochen hier in Boston. Ich schreibe euch, um kurz zu erzählen, wie es mir geht und was ich mache. Der Anfang war ein bisschen schwer, weil ich Heimweh hatte. Aber das ist nun vorbei … Alle in der Gastfamilie sind nett zu mir und auch an der High School habe ich mich gut integriert.

Wie ihr wisst, gibt es an den amerikanischen Schulen keine geschlossenen Klassen. Je nach dem Stundenplan und den gewählten Fächern wandern die Schüler zu den entsprechenden Lehrern. Das klingt zwar ein bisschen chaotisch, aber dadurch hat man die Möglichkeit, mit mehr Leuten in Kontakt zu kommen. Und das motiviert die Schüler. Was mir hier ganz gut gefällt, ist, dass man viel Sport treiben kann. In der Schule gibt es zwei Turnhallen, eine Schwimmhalle, sogar ein Fitnesszentrum. Man organisiert viele Wettkämpfe und Turniere.

Inzwischen merke ich, dass mein Englisch viel besser geworden ist. Ich verstehe fast alles und kann mich problemlos verständigen. Mit der Gastfamilie klappt es auch ganz gut. Nächstes Wochenende fahren wir zusammen nach New York. Ich freue mich schon darauf!

So … das war's für heute. Ich melde mich in den nächsten Tagen wieder.

Grüße

Sophie

PS: Habt ihr endlich Skype installiert??

1. Sophie schreibt ihren Eltern, um

2. Der Anfang war schwer, weil

3. In ihrer Gastfamilie

4. An ihrer High School gibt es keine

5. Es gefällt Sophie an der High School, weil

6. Nächstes Wochenende

7. Sophie verspricht ihren Eltern, dass

AB-Übungen
14 – 22

C Freiwilliges Soziales Jahr

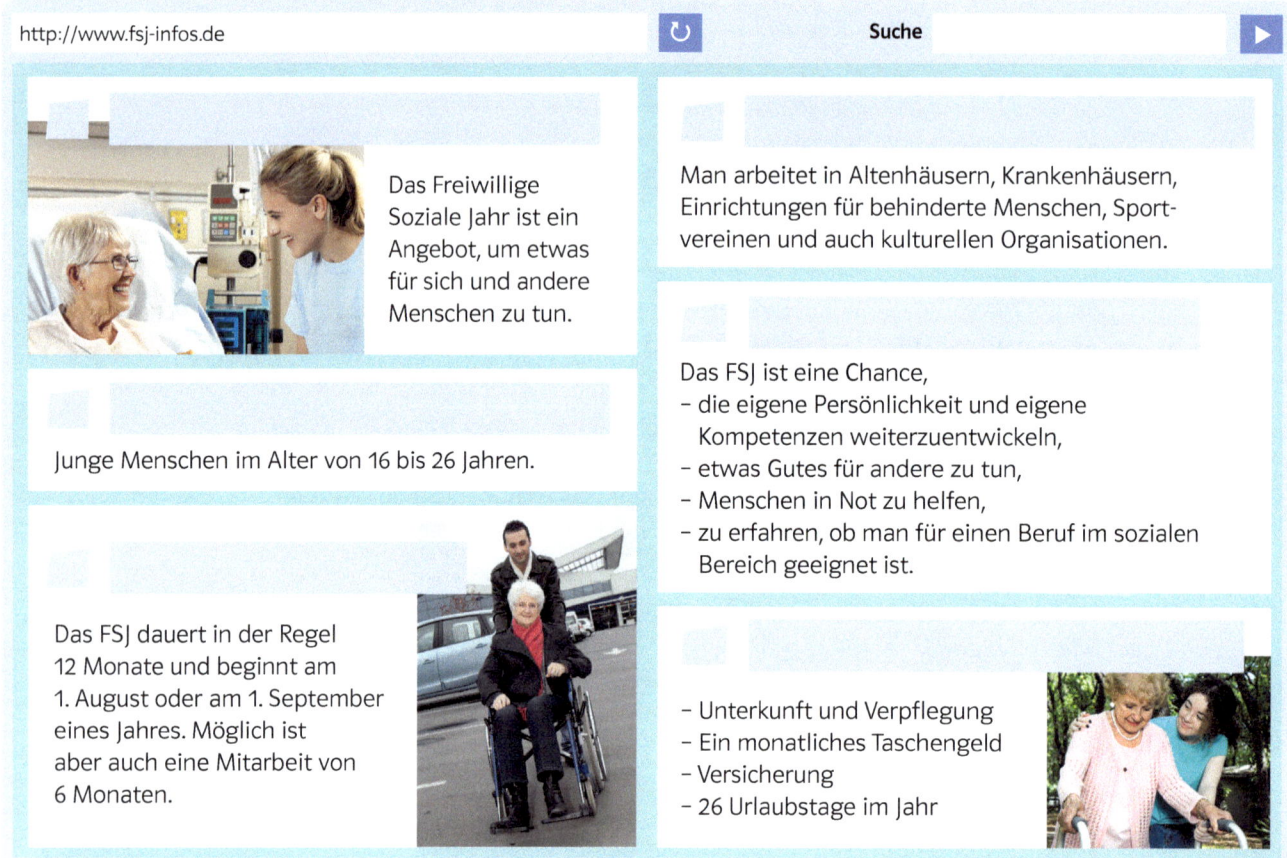

http://www.fsj-infos.de   ↻   **Suche**   ▶

Das Freiwillige Soziale Jahr ist ein Angebot, um etwas für sich und andere Menschen zu tun.

Man arbeitet in Altenhäusern, Krankenhäusern, Einrichtungen für behinderte Menschen, Sportvereinen und auch kulturellen Organisationen.

Junge Menschen im Alter von 16 bis 26 Jahren.

Das FSJ ist eine Chance,
- die eigene Persönlichkeit und eigene Kompetenzen weiterzuentwickeln,
- etwas Gutes für andere zu tun,
- Menschen in Not zu helfen,
- zu erfahren, ob man für einen Beruf im sozialen Bereich geeignet ist.

Das FSJ dauert in der Regel 12 Monate und beginnt am 1. August oder am 1. September eines Jahres. Möglich ist aber auch eine Mitarbeit von 6 Monaten.

- Unterkunft und Verpflegung
- Ein monatliches Taschengeld
- Versicherung
- 26 Urlaubstage im Jahr

1. Was bekommen die Freiwilligen?
2. Was ist das FSJ?
3. Was bietet das FSJ?
4. Was macht man im FSJ?
5. Wer kann mitmachen?
6. Wie lange dauert das FSJ?

16 Lies die Informationen auf der Internetseite und ordne die Titel zu. > LESEN

17 Was antworten sie? Hör zu und wiederhole wie im Beispiel. > HÖREN ▶ 5

1. Warum machst du das FSJ? Um etwas Gutes für andere zu tun?
2. Warum machst du das FSJ? Um dich auszuprobieren?
3. Warum machst du das FSJ? Um eigene Kompetenzen zu entwickeln?
4. Warum machst du das FSJ? Um etwas Praktisches zu tun?

Warum machst du das FSJ? Um anderen Menschen zu helfen?

Ja, ich mache das FSJ, um anderen Menschen zu helfen.

18 FSJ-Erfahrungen. Hör zu und mach dir Notizen. > HÖREN ⊙ 6

Angaben zur Person	Janika	Stefan	Franziska
Wo macht er / sie das FSJ?			
Was macht er / sie?			
Warum das FSJ?			

19 Ich frage, du antwortest ... Bildet Dialoge. > SPRECHEN

● Willst du etwas für die anderen tun?
○ Ja, auf jeden Fall. Deshalb möchte ich das FSJ machen.

etwas Praktisches machen / ein Praktikum in einer Firma machen
eine Fremdsprache lernen / ins Ausland gehen
neue Erfahrungen machen / ein Schuljahr im Ausland verbringen
Geld verdienen / schnell einen Job finden

AB-Übungen
23 – 24

Phonetik

1 Hör die folgenden Laute und sprich sie nach. > HÖREN ⊙ 7

[z] (stimmhaft)   **[s]** (stimmlos)

2 Hör die Wörter und achte auf die markierten Laute. > HÖREN ⊙ 8

Mu**s**ikerin   Fuß**s**ballspieler   Straßenmu**s**ikant   Fri**s**eurin
Rei**s**eleiterin   Bu**s**fahrer   A**ss**istent   **S**ekretärin

Welchen Laut hörst du:
[z] oder [s]?

3 Welche Regeln kannst du erkennen? Kreuze an.

	[s]	[z]		[s]	[z]
s am Wortanfang spricht man			**s** am Silbenende spricht man		
s am Silbenanfang spricht man			**ß** und **ss** spricht man		

Futur I

Ich **werde** ein Jahr in Österreich **verbringen**.

Sophie **wird** Englisch **lernen**.
Markus **wird** Informatik **studieren**.
Die Eltern **werden** Skype **installieren**.

Deine Beispiele

- Was wirst du morgen Nachmittag machen?
-

- Was werdet ihr am Wochenende machen?
-

Genitiv

Singular

Genitiv: Wessen?		
maskulin	feminin	neutral
eines	einer	eines
Managers	Lehrerin	Models
des	der	des
Managers	Lehrerin	Models

Plural

Genitiv: Wessen?
der Schüler

Merk es dir!
das Buch **des** Student**en**
der Fußball **des** Jung**en**

- Wessen Laptop ist das?
- Das ist der Laptop   Schüler

- Wessen Tasche ist das?
- Das ist die Tasche   Mutter.

- Wessen Bücher sind das?
- Das sind die Bücher   Journalist

- Wem gehört der USB-Stick?
- Das ist der USB-Stick   Student

- Wem gehört   ?
- Das

Relativpronomen (Nominativ)

Singular			Plural
maskulin	feminin	neutral	
der	die	das	die

     , die da sitzen, sind meine Freunde.

     , die mit mir Tennis spielt, ist 16.

     , das hier liegt, gehört Max.

     , der links hängt, ist super!

     , die mir gefallen, sind teuer.

Relativsätze

Der Junge, **der** dort steht, kommt aus den USA.

Die Frau, **die** mit Hanna spricht, ist Frau Richter.

um ... zu

Nicole möchte Lehrerin werden. (Warum?)
Nicole will mit jungen Menschen arbeiten.

= Nicole möchte Lehrerin werden,
  um mit jungen Menschen **zu** arbeiten.

Ich fahre nach Deutschland. (Wozu?)
Ich möchte meine Freunde besuchen.

= Ich fahre nach Deutschland,
  um meine Freunde **zu** besuchen.

Nebensätze mit damit

Sophies Vater wird alles machen,
damit Sophie in die USA fahren **kann**.

Ich schreibe eine E-Mail,
damit meine Eltern **wissen**, wie es mir geht.

Sätze mit deshalb

Ich will mein Deutsch verbessern.

I	II	III
Deshalb	besuche	ich einen Kurs in Berlin.

Ich will Arzt werden.

I	II	III
Deshalb	werde	ich Medizin studieren.

Deine Beispiele

Der Junge, der

Die Autos, die

Das Stipendium, das

Die Gastfamilie, die

Hanna will Schriftstellerin werden,

um

Mesut will Polizist werden,

um

Sophie will Journalistin werden,

um

Ich will   werden,

um

Ich schreibe oft Kurznachrichten, damit der Kontakt

Meine Eltern machen alles, damit ich

Damit ich weltweit studieren kann,

Ich habe ab und zu Heimweh.

Deshalb

Markus will das Mauermuseum besuchen.

Deshalb

Deshalb möchte ich das FSJ machen.

Wichtige Wörter

die Ärztin, -nen

der Bauingenieur, -e

der Beruf, -e
Was bist du von Beruf?

die Flugbegleiterin, -nen

die Friseurin, -nen

der Gärtner, -

der Journalist, -en

der Koch, ⸚e

der Krankenpfleger, -

die Krankenschwester, -n

der Manager, -

der Mechaniker, -

der Musiker, -

das Model, -s

der Polizist, -en

der Programmierer, -

die Schriftstellerin, -nen

die Tierärztin, -nen

werden
Was willst du werden?
Ich werde Webdesigner.

anstrengend

gefährlich
Die Arbeit eines Polizisten ist gefährlich.

gut bezahlt

kreativ

langweilig

schwer

spannend
Ich finde die Arbeit einer Schriftstellerin spannend.

stressig

bauen

bedienen
Wer bedient Fluggäste?

pflegen
Ein Krankenpfleger pflegt die Kranken.

reparieren

untersuchen
Der Arzt untersucht den Patienten.

verhaften

zu|bereiten
Ein Koch bereitet Gerichte zu.

ab|reißen
Die Kontakte sind leider abgerissen.

das Ausland (Singular)
Ich will ins Ausland gehen.

behindert

die Erfahrung, -en
Ich habe eine tolle Erfahrung gemacht.

erleben

freiwillig

das Heimweh (Singular)
Ich werde ab und zu Heimweh haben.

sich integrieren

klappen
Es klappt gut mit der Gastfamilie.

der Kontakt, -e
Man kommt mit neuen Leuten in Kontakt.

leisten
Ich leiste mein FSJ in einem Altenheim.

der Plan, ⸚e

schaffen
Ich werde das doch schaffen!

die Schwierigkeit, -en
Die Schwierigkeiten sind vorbei.

selbstständig

verbessern

vermissen
Ich vermisse meine Familie.

sich verständigen
Ich kann mich auf Deutsch problemlos verständigen.

sich weiter|entwickeln

die Zukunft (Singular)

Landeskunde

1 Richtig (R) oder falsch (F)? Lies den Text und kreuze an.

Welches Image haben Berufe in Deutschland?

Jeder kleine deutsche Junge will Feuerwehrmann werden, jedes kleine Mädchen Prinzessin. So lautet das Klischee. Aber wie sieht es tatsächlich aus? Unter Jugendlichen werden vor allem neue Berufswünsche wie YouTuber und Influencer beliebter, also Berufe, bei denen man in den sozialen Netzwerken aktiv ist. Die Meinungen der Jugend unterscheiden sich nicht viel von den Meinungen der Erwachsenen. Das größte Ansehen genießen Feuerwehrleute. Hoch im Kurs stehen auch Berufe im Gesundheitswesen wie Ärzte, Kranken- und Altenpfleger. Danach folgen Polizisten und Piloten. Unter Jugendlichen haben aber Informatiker ein besseres Image als unter älteren Deutschen. Kein Wunder, dass sich das auch in der Berufswahl zeigt. Viele Jungen und immer mehr Mädchen wollen Entwickler für Apps oder Webdesigner werden. Das schlechteste Image unter Jung und Alt haben in Deutschland Politiker, Beamte und Journalisten. Siehst du das auch so?

	R	F
1. Alle deutschen Jungen wollen Feuerwehrmann werden.	☐	☐
2. Jugendliche sehen einige Berufe anders als Erwachsene.	☐	☐
3. Der Beruf des Journalisten hat ein hohes Prestige.	☐	☐

2 Lies den Text noch einmal und ergänze die Tabelle.

Neue Berufe	Berufe mit großem Ansehen	Berufe mit schlechtem Image

---

Projektecke **Berufe mit dem größten Ansehen in meinem Land**

Macht zu dritt eine Liste der Berufe, die eurer Meinung nach das größte Ansehen in eurem Land haben. Schreibt auch Gründe dazu. Dann präsentiert und vergleicht eure Listen im Plenum – und mit der Liste aus dem Text.

1 Richtig (R) oder falsch (F)? Lies den Text und kreuze an. > LESEN

Von Beruf: Tierpflegerin

Kerstin Hauser ist 29 Jahre alt und arbeitet seit drei Jahren als Tierpflegerin im Zoo in Erfurt. Sie liebt Tiere sehr. Tierpflegerin war schon immer ihr Traumberuf. Schon als Kleinkind träumte sie davon, in einem Zoo zu arbeiten, um Kamele zu streicheln und Elefanten zu füttern …

Der Tag beginnt früh für Kerstin. Um 6.15 Uhr steht sie auf, sie zieht sich schnell an (sie mag sportliche, bequeme Kleidung) und geht zum Zoo. Die Tiere warten auf sie, das weiß Kerstin. Deshalb ist sie immer guter Laune, wenn sie ihre Wohnung verlässt.

Die Arbeit im Zoo ist nicht leicht: Kerstin reinigt zunächst die Gehege und stellt dann das Futter zusammen. Um 11.00 Uhr beginnt die Show-Fütterung der Pelikane. Kerstin füllt zwei Eimer mit Fischen und wirft sie den Pelikanen zu. Sie verschlingen in wenigen Sekunden die Fische. Neugierige Besucher beobachten die Szene und machen Fotos. Es passiert immer wieder, dass ein Tier krank wird. In diesem Fall assistiert Kerstin dem Tierarzt bei der Untersuchung.

Kerstin kommt mit fast allen Tieren gut aus, egal ob Vögel, Affen oder Elefanten. Probleme hat sie nur mit den Löwen. „Sie sind immer so aggressiv", sagt sie. Aber vor allem liebt Kerstin Kamele. „Sie sind so süß, sie mögen, wenn ich sie streichele", sagt sie.

Kerstin wohnt seit zwei Jahren mit ihrem Freund Nico zusammen. Sie wohnen in einer kleinen Wohnung mit zwei Katzen, einem Hund und einem Hamster. Ja, denn auch zu Hause will Kerstin auf Tiere nicht verzichten.

	R	F
1. Kerstin arbeitet seit 29 Jahren im Erfurter Zoo.		
2. Die Arbeit im Zoo war immer Kerstins Traum.		
3. Kerstin liebt ihren Job.		
4. Im Zoo kümmert sich Kerstin nur um Pelikane.		
5. Kerstin kommt mit den Löwen nicht gut aus.		
6. Kerstin arbeitet im Zoo mit ihrem Freund Nico.		
7. Zu Hause hat Kerstin keine Haustiere.		

2 Interview mit Frau Stadler. Hör zu und sammle Informationen. > HÖREN ▶ 9

Beruf:

Firma:

Aufgaben:

Arbeitszeit:

Oft unterwegs? Wohin?

Mit dem Job zufrieden?

3 Lies die Anzeige und schreib eine E-Mail. > SCHREIBEN

Wir wohnen in Freiburg und suchen dringend eine Kinder-betreuerin / einen Kinderbetreuer für Markus und Jana. Wenn du Kinder magst, dann melde dich!

klaus.rauth@frei.de

A. Stell dich vor.
B. Frage nach Markus und Jana und beschreibe deine Erfahrung mit Kindern (du magst Kinder, du hast einen kleinen Bruder).
C. Informiere darüber, wann du Zeit hast.
D. Schlage ein Treffen vor.

Betreff Kinderbetreuer(in)

Guten Tag, Herr Rauth!

Ich habe gerade Ihre Anzeige gelesen und melde mich sofort!

4 Welcher Beruf passt zu deinem Partner / deiner Partnerin? > SPRECHEN

Interviewe deinen Partner / deine Partnerin. Ihr könnt das Interview filmen und vor der Klasse präsentieren. Andere Schüler hören zu und versuchen, die Frage zu beantworten.

Bist du sportlich?

Reist du gern?

Liebst du Kunst?

Wo möchtest du arbeiten?

Arbeitest du gern mit Menschen?

Magst du Mode?

Ist Geld wichtig für dich?

Arbeitest du gern am frühen Morgen oder lieber am späten Nachmittag?

Lektion 20 — DAMALS IN ÖSTERREICH

A Das Wunderkind aus Salzburg

Er ist der Superstar der klassischen Musik! Mehr als 250 Jahre nach seiner Geburt ist seine Musik immer noch aktuell und wird in der ganzen Welt gespielt.

… fing mit 4 Jahren an, Klavier und Violine zu spielen.
… schrieb mit 5 Jahren seine ersten eigenen Stücke.
… ging mit 6 Jahren mit seiner Familie auf seine erste Konzertreise.
… schrieb mit 8 Jahren seine erste Sinfonie.
… bekam mit 12 Jahren seinen ersten Auftrag, eine Oper zu schreiben.

1 Wer ist das? Lies die Sätze und antworte. > SPRECHEN

2 Mozarts Biografie. Hör zu und ordne zu. > HÖREN ▶ 10

1756	**a.** Mozart komponierte seine ersten Stücke.
1760	**b.** Mozart reiste nach Italien. In Rom spielte er vor dem Papst.
1761	**c.** Mozart heiratete Constanze Weber.
1762	**d.** Mozart kam am 27. Januar in Salzburg zur Welt.
1763–1766	**e.** Mozart erhielt von seinem Vater den ersten Musikunterricht. Er begann, Klavier und Violine zu spielen.
1769	**f.** Mozart bekam den Auftrag, ein Requiem zu schreiben. Diese Komposition blieb unvollendet. Mozart starb am 5. Dezember in Wien.
1781	
1782	**g.** Mozart gab sein erstes Konzert. Er spielte in Wien vor Kaiserin Maria Theresia.
1786	**h.** Mozart schrieb die Oper *Die Hochzeit des Figaro*.
1791	**i.** Mozart machte mit seinem Vater eine Tournee durch Deutschland und Westeuropa.
	j. Mozart zog von Salzburg nach Wien, wo er für den Kaiser Joseph II. komponierte.

3 Präteritum. Ergänze die Sätze. > WORTSCHATZ

begann · bekam · zog · erhielt · schrieb · kam · starb · gab · spielte · reiste · heiratete · machte

Mozart   am 27. Januar 1756 in Salzburg zur Welt. Mit vier Jahren   Mozart Musik-

unterricht von seinem Vater. Mit vier Jahren   Mozart, Klavier und Violine zu spielen. Mit sechs Jahren

                Mozart sein erstes Konzert. Von 1763 bis 1766   Mozart eine Tournee durch Deutschland

und Westeuropa. Im Jahr 1769   Mozart nach Italien. In Rom   Mozart vor dem Papst. Im

Jahr 1781   Mozart von Salzburg nach Wien. Im Jahr 1782   Mozart Constanze Weber. Im

Jahr 1786   Mozart die Oper *Die Hochzeit des Figaro*. Im Jahr 1791   Mozart den Auftrag,

ein Requiem zu schreiben. Am 5. Dezember 1791   Mozart in Wien.

4 Zur Kontrolle. Hör zu und lies mit. > HÖREN ▶ 11

5 Ergänze die Tabelle mit den Verben im Präteritum. > WORTSCHATZ

Unregelmäßige Verben

Infinitiv	Präteritum
an|fangen	fing ... an
beginnen	
bekommen	
bleiben	
erhalten	erhielt
geben	
gehen	
kommen	
schreiben	
sterben	starb
ziehen	zog

Regelmäßige Verben

Infinitiv	Präteritum
heiraten	
komponieren	
machen	
reisen	
spielen	

6 Beantworte die Fragen. > SPRECHEN

Wo kam Mozart zur Welt?

Wie alt war Mozart, als er seinen ersten Musikunterricht erhielt?

Welche Instrumente konnte der kleine Mozart schon spielen?

Wie alt war der kleine Mozart, als er seine ersten Stücke komponierte?

Wie alt war Mozart, als er sein erstes Konzert gab?

Wohin reiste der kleine Mozart mit seinem Vater?

Was passierte, als Mozart in Rom war?

Wann zog Mozart von Salzburg nach Wien?

Wann heiratete Mozart? Wie hieß seine Frau?

Wann schrieb Mozart die Oper *Die Hochzeit des Figaro*?

Was war Mozarts letzte Komposition, die aber unvollendet blieb?

Wann und wo starb Mozart?

Grammatik

als ⟶ Verb

Mozart war 6 Jahre alt,
als er sein erstes Konzert **gab**.

7 Lies die Informationen. Was weißt du über den Film?
Diskutiert in der Klasse. > SPRECHEN

Titel:	*Amadeus*
Regie:	Miloš Forman, USA
Jahr:	1984
Drehorte:	Prag, Wien
Genre:	Drama
Filmlänge:	ca. 160 Minuten
Darsteller:	Tom Hulce (Mozart), F. Murray Abraham (Salieri)
Musik:	W. A. Mozart, A. Salieri

Wer hat die Hauptrollen gespielt?

Wo hat man den Film gedreht?

Wie heißt der Regisseur?

Ich habe den Film gesehen.
Die Musik war prima!

8 Lies die Filmbeschreibung und unterstreiche die Verben im Präteritum. > LESEN

Der Film erzählt vom Leben **Wolfgang Amadeus Mozarts** (1756–1791) aus der Perspektive des Wiener Hofkomponisten **Antonio Salieri**. 1781 kam der junge Mozart nach Wien. Mozart wurde schnell zu Salieris Rivalen. Salieri versuchte alles zu tun, um Mozart zu schaden. Mozart schrieb ein musikalisches Meisterwerk nach dem anderen. Er hatte aber immer finanzielle Probleme. Salieri nutzte diese Situation: Maskiert und verkleidet bot er Mozart viel Geld für ein Requiem. Mozart arbeitete Tag und Nacht. Er starb an Erschöpfung und konnte das Requiem nicht beenden. Jahre später bereute Salieri seine Tat. Der Film erhielt 1985 acht Oscars und vier Golden Globes.

9 Bilde Sätze. Benutze die Verben im Präteritum. > WORTSCHATZ

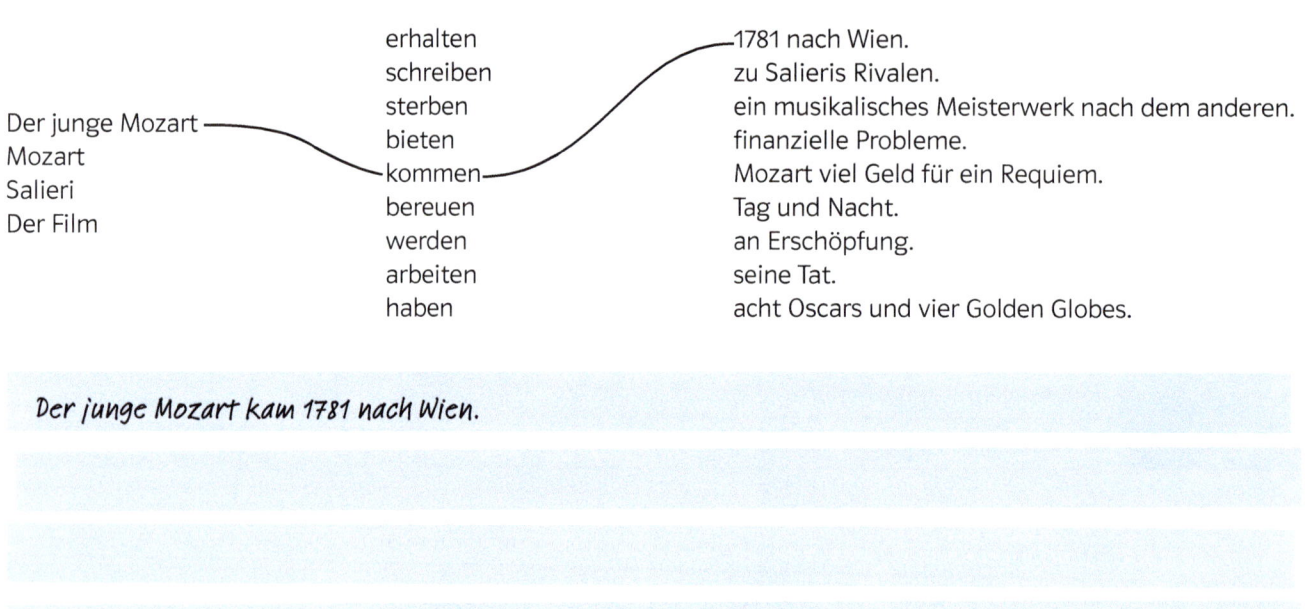

Der junge Mozart
Mozart
Salieri
Der Film

erhalten
schreiben
sterben
bieten
kommen
bereuen
werden
arbeiten
haben

1781 nach Wien.
zu Salieris Rivalen.
ein musikalisches Meisterwerk nach dem anderen.
finanzielle Probleme.
Mozart viel Geld für ein Requiem.
Tag und Nacht.
an Erschöpfung.
seine Tat.
acht Oscars und vier Golden Globes.

Der junge Mozart kam 1781 nach Wien.

10 Partnerarbeit. Spielt ein Interview. > SPRECHEN

Eine Person spielt den Reporter / die Reporterin, die andere spielt Mozart. Wechselt dann die Rollen.
Die Fragen helfen euch.

Herr Mozart, wie alt waren Sie, als Sie nach Wien kamen?

Kannten Sie den Hofkomponisten Salieri?

Also …

Wussten Sie, dass Salieri neidisch auf Sie war?

Wussten Sie, dass der maskierte Mann Salieri war?

Wie fanden Sie Salieris Musik?

AB-Übungen
1 – 9

B Sissi und Franz

A. Das Leben am Hof in Wien war für Sissi nicht einfach. Bald kam es zu ersten Streitigkeiten mit Franz' Mutter.

B. Sissi achtete sehr auf ihre Figur. Sie hielt strenge Diät und trieb viel Sport (sie konnte z. B. sehr gut reiten).
Viel Zeit verbrachte Sissi auf Reisen: Madeira, Korfu und Ungarn waren ihre Lieblingsorte.

C. Sissi war eine bayerische Prinzessin. Im Sommer wohnte sie in einem Schloss am Starnberger See. Hier hatte sie viel Spaß und war glücklich.

D. Franz liebte seine schöne Frau sehr, hatte aber wenig Zeit für sie. Er musste nämlich ein großes Land regieren. Schon früh am Morgen saß er am Schreibtisch und arbeitete.

E. Sissi und Franz verliebten sich auf den ersten Blick und wollten so schnell wie möglich heiraten. Ein Jahr später war es so weit: In Wien gaben sie sich das Ja-Wort.

F. Als Sissi in Genf an der Uferpromenade spazieren ging, wurde sie von einem italienischen Anarchisten getötet.

G. Franz Joseph, Kaiser von Österreich, sollte heiraten und träumte von einer schönen Prinzessin. Seine Mutter Sophie und Sissis Mutter, die Schwestern waren, organisierten also ein Treffen in Bad Ischl.

H. Sissi und Franz hatten drei Töchter und einen Sohn Rudolf, den Kronprinzen. Sissi durfte aber lange Zeit ihre Kinder nicht selbst erziehen. Deswegen war sie traurig und litt an Depression.

11 Welches Bild passt zu welchem Text? Ordne zu. > LESEN

12 Finde in **11** die Verben im Präteritum. Ergänze die Tabelle. > WORTSCHATZ

Regelmäßige Verben	Unregelmäßige Verben	Modalverben
achtete	kam	wollte

13 Sissis Lebenslauf. Bildet Dialoge wie in den Beispielen. > SPRECHEN

- Was passierte im Jahr 1853?
- Sissi lernte Franz kennen.

- Wie alt war Sissi, als sie Franz kennen lernte?
- Als Sissi Franz kennen lernte, war sie 16.

Sissis Lebenslauf

Alter	Jahr	Was?
	1837	in München geboren
8-16	1845-53	Sommerferien im Schloss Possenhofen am Starnberger See
16	1853	Bekanntschaft mit Franz in Bad Ischl, Verlobung
17	1854	Heirat in Wien
21	1858	Geburt des Kronprinzen Rudolf
23	1860	Reise nach Madeira
24	1861	Reise nach Korfu
26	1863	Reise in die Türkei
30	1867	Königin von Ungarn
61	1898	Tod in Genf

14 Einige Fragen an Sissi ... Ein Rollenspiel. Bildet Dialoge. > SPRECHEN

Franz, ins Ausland fahren / in Wien bleiben müssen
morgens aufstehen / Morgengymnastik machen
allein verreisen / sich entspannen, viel lesen
Franz' Mutter, zu Hause sein / sich streiten
die Kinder sehen dürfen / die glücklichste Frau der Welt sein

Sissi, was passierte, **wenn** du mit Franz zusammen warst?

Grammatik

(Immer) **wenn** ⟶ **Verb**

Immer wenn Sissi mit ihren Kindern zusammen **war**, fühlte sie sich glücklich.

Immer wenn ich mit Franz zusammen war, sprachen wir viel miteinander.

AB-Übungen
10 - 18

C Ein Souvenir aus Wien

15 Touristen in Wien. Hör zu und sammle Informationen. > HÖREN ▶12

Woher?	
Warum in Wien?	
Wie lange in Wien?	
Eindrücke	
Sehenswürdigkeiten	
Sachertorte	
andere Souvenirs	

16 Richtig (R) oder falsch (F)? Hör das Interview und kreuze an. > HÖREN ▶13

	R	F
1. Die Geschichte der Sachertorte begann im Jahr 1832.		
2. Fürst Metternich lud wichtige Gäste zum Abendessen ein.		
3. Franz Sacher war damals der Chefkoch.		
4. Franz Sacher bereitete eine Schokoladentorte zu.		
5. Die Torte war sehr schön, aber sie schmeckte den Gästen nicht.		
6. Franz Sacher eröffnete 1848 einen Laden in Budapest.		
7. Auch Franz Sachers Sohn Eduard war Konditor von Beruf.		
8. Eduard lernte seinen Beruf in der berühmten Wiener Konditorei Demel.		
9. Am Anfang konnte man die Sachertorte nur in der Konditorei Demel kaufen.		
10. Eduard Sacher eröffnete später ein Hotel-Café und verkaufte dort seine Sachertorte.		

17 Hör noch einmal zu und korrigiere die falschen Sätze aus 16. > HÖREN ▶14

18 Franz Sacher erzählt … Lies und ergänze die Aussage. > WORTSCHATZ

Es _war_ (sein) das Jahr 1832. Fürst Metternich

zum Abendessen wichtige Gäste _____ (einladen). Deshalb

_____ (bekommen) seine Köche die Aufgabe, ein besonderes

Dessert zuzubereiten. Doch der Chefkoch _____ (werden)

plötzlich krank und … ich _____ (sollen) das Dessert zubereiten!

Ich _____ (sein) damals 16 und noch Lehrling. Mit ein bisschen

Fantasie _____ (erfinden) ich eine Schokoladentorte, der ich

meinen Namen _____ (geben). Später

_____ (reisen) ich nach Budapest, _____ aber im Jahr 1848 nach Wien

_____ (zurückkommen) und _____ (eröffnen)

einen Laden. Mein ältester Sohn Eduard _____ (absolvieren)

gerade eine Ausbildung bei Demel, der berühmten Konditorei. Und in dieser Zeit

_____ (bekommen) die Sachertorte die heute bekannte Form.

Man _____ (können) also die Sachertorte zunächst nur bei Demel

kaufen. Aber Eduard _____ (gründen) dann im Jahr 1876 das Hotel

Sacher und _____ (verkaufen) die Sachertorte weiter.

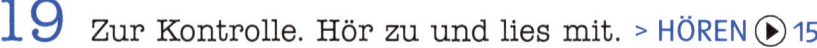

19 Zur Kontrolle. Hör zu und lies mit. > HÖREN ▶ 15

20 Eine Geschichte rekonstruieren. Bilde Sätze. > WORTSCHATZ

VORHER

Metternich lud wichtige Gäste ein.
Der Chefkoch wurde krank.
Franz Sacher dachte lange darüber nach.
Franz Sacher erfand eine neue Schokoladentorte.
Franz Sacher erfand die Sachertorte.
Franz Sacher kam 1848 nach Wien zurück.
Eduard Sacher absolvierte eine Ausbildung bei Demel.
Eduard Sacher eröffnete das Hotel Sacher.

NACHHER

▶ Der Chefkoch wurde krank.
▶ Franz Sacher bekam diese Aufgabe.
▶ Franz Sacher erfand eine köstliche Schokoladentorte.
▶ Franz Sacher gab der neuen Schokoladentorte seinen Namen.
▶ Franz Sacher reiste nach Budapest.
▶ Franz Sacher eröffnete einen Feinkostladen.
▶ Eduard Sacher gründete das Hotel Sacher.
▶ Eduard Sacher verkaufte seine berühmte Torte weiter.

Nachdem Metternich wichtige Gäste eingeladen hatte, wurde der Chefkoch krank.

Grammatik

Plusquamperfekt
Nachdem Eduard Sacher das
Hotel Sacher **eröffnet hatte**, …

AB-Übungen
19–22

Phonetik

1 Schreib die Jahreszahlen als Wort.

1756	*siebzehnhundertsechsundfünfzig*	1769	
1760		1781	
1761		1782	
1762		1786	

2 Hör die Jahreszahlen. Wo spricht man *ts*? Markiere. > HÖREN ⏵ 16

3 Sprich die Wörter laut, achte auf die Aussprache von *ts*.

4 Sprich über das Leben von Mozart. Benutze die Jahreszahlen.

haben und *sein* im Präteritum

	haben	sein
ich	hatte	war
du	hattest	warst
er, sie, es	hatte	war
wir	hatten	waren
ihr	hattet	wart
sie, Sie	hatten	waren

Modalverben im Präteritum

	können	müssen	dürfen
ich	konnte	musste	durfte
du	konntest	musstest	durftest
er, sie, es	konnte	musste	durfte
wir	konnten	mussten	durften
ihr	konntet	musstet	durftet
sie, Sie	konnten	mussten	durften

	sollen	wollen
ich	sollte	wollte
du	solltest	wolltest
er, sie, es	sollte	wollte
wir	sollten	wollten
ihr	solltet	wolltet
sie, Sie	sollten	wollten

Deine Beispiele

Wer _____ gestern Geburtstag?

Das Konzert _____ super!

_____ Sie in Spanien?

Ich _____ viel Glück!

Ich war gestern _____

Hattest du _____ ?

Was durftest du als Kind nicht machen?

Was konntest du mit 10 Jahren machen?

Was wolltest du als Kind lernen?

Was musstest du gestern machen?

Regelmäßige Verben im Präteritum

	machen	**antworten**
ich	mach**te**	antworte**te**
du	mach**test**	antworte**test**
er, sie, es	mach**te**	antworte**te**
wir	mach**ten**	antworte**ten**
ihr	mach**tet**	antworte**tet**
sie, Sie	mach**ten**	antworte**ten**

Unregelmäßige Verben im Präteritum

	kommen	**bleiben**
ich	kam	blieb
du	kamst	bliebst
er, sie, es	kam	blieb
wir	kamen	blieben
ihr	kamt	bliebt
sie, Sie	kamen	blieben

Nebensätze mit *als* und *wenn*

Als Mozart in Rom **war**, spielte er vor dem Papst.

Als Sissi Franz kennen **lernte**, war sie 16.
Als ich 14 **war**, hatte ich keine Lust zu lernen.

Immer wenn ich nach Wien **kam**, ging ich ins Hotel Sacher.
Immer wenn ich traurig **bin**, höre ich die Musik von Mozart.

Plusquamperfekt

Ich **hatte** zu Mittag **gegessen**, danach …

Nachdem ich Mozarts Geburtshaus in Salzburg **besucht hatte**, ging ich in ein Café.

Max **hatte** lange **ferngesehen**, danach ging er schlafen.

Deine Beispiele

ich (kaufen) ▶ kaufte
du (arbeiten) ▶
wir (besuchen) ▶
Sie (feiern) ▶
sie (einkaufen) ▶
er (verkaufen) ▶
es (passieren) ▶

sprechen ▶ ich
bekommen ▶ wir
geben ▶ er
trinken ▶ du
essen ▶ sie
schreiben ▶ ihr
einladen ▶ Sie

Als meine Oma klein war,
Als mein Vater 18 Jahre alt war,
Immer wenn ich eine schlechte Note bekam,

Immer wenn ,
gingen wir ins Kino.

essen ▶ ich hatte … gegessen
trinken ▶ er hatte …
kommen ▶ wir waren …
sprechen ▶ … gesprochen
fahren ▶ … gefahren
einkaufen ▶ … eingekauft

Wichtige Wörter

bereuen
Ich bereue nichts.

bieten
Der Mann bot Mozart viel Geld.

damals

erhalten

erschöpft

das Instrument, -e

das Klavier, -e

komponieren

der Komponist, -en

die Komposition, -en

das Konzert, -e

die Konzertreise, -n
Das war seine erste Konzertreise.

maskiert

das Meisterwerk, -e

neidisch (auf + Akk.)
Salieri war neidisch auf Mozart.

die Oper, -n
Mozart komponierte viele Opern.

der Rivale, -n
Mozart wurde zu seinem Rivalen.

schaden
Salieri wollte Mozart schaden.

sterben
Mozart starb im Jahr 1791.

der Tod, -e

die Tournee, -n
Er machte eine Tournee durch Deutschland.

unvollendet
Die Komposition blieb unvollendet.

verkleidet

die Violine, -n

das Wunderkind, -er
Mozart war ein Wunderkind.

ziehen
Mozart zog dann nach Wien.

achten (auf + Akk.)
Sissi achtete auf ihre Figur.

der Blick, -e
Es war Liebe auf den ersten Blick.

die Diät, -en
Sissi hielt strenge Diät.

erziehen
Sissi durfte ihre Kinder nicht erziehen.

heiraten
Sissi und Franz heirateten in Wien.

der Kaiser, -

die Kaiserin, -nen

leiden (an + Dat.)
Sissi litt an Depression.

der Ort, -e
Das ist mein Lieblingsort.

die Prinzessin, -nen

regieren

das Schloss, ¨er

die Streitigkeit, -en
Es kam oft zu den Streitigkeiten.

töten

sich verlieben (in + Akk.)
Sissi und Franz verliebten sich ineinander.

die Ausbildung, -en
Er machte eine Ausbildung als Konditor.

berühmt

entstehen
Wie entstand die Sachertorte?

erfinden
Wer erfand die Sachertorte?

eröffnen
Er eröffnete einen Laden.

gründen
Eduard gründete 1876 das Hotel Sacher.

der Lehrling, -e
Ich war damals noch Lehrling.

die Torte, -n

Landeskunde

1 Kennst du eine Süßigkeit aus Deutschland, Österreich oder der Schweiz?

Ich kenne die Milka-Schokolade mit der lila Kuh.

Ich habe schon mal eine Sachertorte gegessen, die war lecker!

Ich mag Amerikaner mit Zuckerguss, die kann man beim Bäcker kaufen.

2 Lies den Text und beantworte die Fragen.

Süßes Salzburg

Die österreichische Stadt Salzburg ist weltweit als Stadt der Musik bekannt, nicht nur wegen der Salzburger Festspiele, einem Festival mit Konzerten, Opern und Liederabenden. Auch Wolfgang Amadeus Mozart wurde hier geboren und hatte in der Stadt seine ersten Erfolge. Aber Salzburg hat auch ein süßes Geheimnis, das weltbekannt wurde: Es sind die runden Mozartkugeln aus Schokolade, gefüllt mit Pistazien, Marzipan und Nougat. Das Original erfand der Salzburger Konditor Paul Fürst, der die Praline zum ersten Mal 1890 verkaufte, damals noch unter dem Namen Mozart-Bonbon. Heute stellen die Mitarbeiter der Konditorei 2,75 Millionen Mozartkugeln pro Jahr her, und zwar alle per Hand!

1. Was sind Mozartkugeln?
2. Womit sind Mozartkugeln gefüllt?
3. Wann verkaufte man die Praline zum ersten Mal?
4. Wie produziert man die echten Mozartkugeln?

3 Such im Text die Verben im Präteritum und schreib die Infinitive dazu.

Projektecke Süß und lecker

Arbeitet in Gruppen. Sucht im Internet nach typischen Süßigkeiten aus den deutschsprachigen Ländern. Sucht eine aus, sammelt Informationen und stellt dann eure Informationen den anderen Gruppen vor.

1 Welcher Text passt zu welchem Bild? Ordne zu. Bringe dann die Texte in die richtige Reihenfolge. > LESEN

Ein Märchen: Die Froschprinzessin

A. Plötzlich rollte die Kugel in den Brunnen hinunter. Die arme Prinzessin begann zu weinen. Aus dem Brunnen tauchte aber ein schöner Frosch auf und sagte zu der Prinzessin: „Wenn du mir einen Kuss gibst, hole ich dir deine Kugel zurück."

B. Es war einmal ein König, der eine schöne Tochter hatte. Diese war immer sehr traurig, weil sie niemand hatte, mit dem sie spielen konnte. Eines Tages schenkte ihr also der König eine Kugel aus Gold.

C. Sie sprangen in den Brunnen hinunter, heirateten, bekamen viele Froschkinder und spielten dann zusammen mit der Kugel aus Gold. Und wenn sie nicht gestorben sind, dann leben sie noch heute in dem Brunnen.

D. Die Prinzessin küsste den Frosch und verwandelte sich in eine … Froschfrau. Die beiden schauten sich in die Augen und verliebten sich sofort ineinander. Es war Liebe auf den ersten Blick.

E. Die Prinzessin freute sich sehr darüber und lief sofort in den Park, um mit der Kugel aus Gold zu spielen. Sie blieb neben einem Brunnen stehen, warf die Kugel in die Höhe und fing sie dann wieder.

2 Zur Kontrolle. Hör zu und lies mit. > HÖREN ▶ 17

3 Die Froschprinzessin. Erzählt das Märchen. > SPRECHEN

Arbeitet in Kleingruppen (5 Personen). Jede Person erzählt einen Abschnitt.

4 Richtig (R) oder falsch (F)? Hör zu und kreuze an. > HÖREN ▶ 18

	R	F
1. Frau Kohl las gern Märchen, als sie klein war.		
2. Tante Elfriede las Frau Kohl jeden Abend ein Märchen vor.		
3. Frau Kohl las ihren Kindern und Enkelkindern Märchen vor.		
4. Frau Kohl meint, Märchen sind immer noch aktuell.		
5. Frau Kohl meint, wir brauchen in unserer technisierten Welt keine Märchen mehr.		
6. Das Lieblingsmärchen von Frau Kohl war *Aschenputtel*.		
7. Frau Kohl möchte gern eine Fee sein.		

5 Wir schreiben ein Märchen. > SCHREIBEN

Rothelmchen

Es war einmal ein Mädchen. Sie hieß Rothelmchen, weil

Eines Tages

Folgende Vokabeln können dir helfen:

das Mofa · zur Schule fahren · einen Unfall haben · ein Mann entführen · nicht nach Hause zurückkommen · sich Sorgen machen · die Polizei alarmieren · eine Suchaktion · sich verlieben · heiraten · glücklich sein ...

VIDEOSTATION 9
MEINE ERFAHRUNG MIT DEM FSJ

1 Sieh dir den ersten Videoteil an und ergänze die Informationen. > FILM 9 ▶▶

Wo befinden sich
die Jugendlichen?

Vorname:

Alter:

Wohnort:

Vorname:

Alter:

Wohnort:

2 Sieh dir den nächsten Videoteil an und kreuze an. > FILM 9 ▶▶

Warum machen
Sara und Mitja
das FSJ?

	Sara	Mitja
1. Seine / Ihre Freunde haben ihm / ihr den Aufenthalt in Marli empfohlen.		
2. Er / Sie wusste nicht, was er / sie weiter machen soll.		
3. Er / Sie wollte das Berufsleben besser kennen lernen.		

3 Sieh dir den Film an und ordne die Gesprächsthemen. > FILM 9 ▶▶

Worüber sprechen die Jugendlichen? Sara und Mitja ...

1 stellen sich vor.

informieren über ihren Verdienst.

2 erklären, warum sie sich für ein FSJ angemeldet haben.

sprechen über ihre Pläne für die Zukunft.

5 sprechen über ihre Kontakte mit den Kollegen.

berichten, was sie machen mussten, bevor das FSJ gestartet hat.

berichten, was sie während des FSJ gelernt haben.

sprechen über ihre Beziehung zu Menschen mit Behinderung.

4 Sieh dir den Film noch einmal an und kontrolliere. > FILM 9 ▶

5 Wer sagt das? Lies die Sätze und markiere.

Sara	Mitja	
1.		Ich möchte Koch werden.
2.		Ich betreue Menschen mit Behinderung.
3.		Ich wohne zusammen mit Menschen mit Behinderung.
4.		Ich verdiene 400 Euro im Monat.
5.		Meine Kollegen sind nett zu mir. Das gefällt mir.
6.		Ich habe sehr viel über mich selbst gelernt.
7.		Ich weiß jetzt, wie man mit Menschen mit Behinderung umgeht.
8.		Ich habe gute Beziehungen zu Menschen mit Behinderung.

6 Beschrifte die Fotos. Du kannst die Sätze aus **5** verwenden.

1.

2.

7 Ergänze den Text.

nach der Schule · Wohngruppe · Behinderung · angemeldet · Ausbildung · nehmen · kümmert

Sara hat sich für das FSJ   , weil sie nicht genau wusste, was sie

machen sollte. Sara ist in einer   tätig und   sich um Menschen mit

                   . Der Kontakt mit Menschen mit Behinderung ist für Sara eine große Bereicherung. Sie

hat gelernt, dass man jeden Menschen so   muss, wie er ist. In Zukunft möchte Sara eine

                   als Heilerziehungspflegerin machen.

Lektion 21

MENSCHEN UND LEBENSSTILE

A Was für ein Typ bist du?

Der Karrieretyp

Markus Baumann, 27, hat Internationales Management und Finanz studiert. Im Moment macht er ein Praktikum bei einer Schweizer Bank in Frankfurt. Er fängt als Junior-Assistent an. Das klingt gut, bedeutet aber, dass er ganz unten auf der Karriereleiter steht. „Aber das wird sich ändern", sagt er. „Ich will Karriere machen und vielleicht in Zukunft selbst eine Firma leiten. Ich bin motiviert und zielstrebig. Ich will mein Ziel möglichst schnell erreichen." Er hat keine Freizeit, er trifft sich selten mit den Freunden. Seine Freundin Jana sagt, dass Markus keine Zeit für sie hat. Und tatsächlich hat sie Recht, denn Markus arbeitet 10 bis 12 Stunden am Tag, auch samstags!

Die Alternativ-Engagierte

Marika Eppler, 35, wohnt in einer WG in Mainz und arbeitet als Verkäuferin und Beraterin in einem kleinen Bioladen. „Zurück zur Natur" – das war immer ihr Motto. Schon seit Anfang der 1980er Jahre engagiert sie sich für eine saubere Umwelt. „Damals waren Luft, Wasser und Boden verschmutzt." In ihrem Bioladen verkauft Marika Bio-Produkte. Marika ist sehr umweltbewusst. Sie hat kein Auto und fährt immer Rad, auch im Winter. Was sie ganz gern kaufen möchte: ein E-Bike! „Ein E-Bike wäre für mich wirklich ideal", meint sie.

Der Punker

Sven Wegener, 19, gehört zur Berliner Szene. Er ist mit 17 von zu Hause ausgezogen, hat seine Ausbildung zum Elektroinstallateur abgebrochen und lebt seitdem mit anderen Punkern auf der Straße. Punker sind gegen alle Konventionen, gegen die Konsumgesellschaft, gegen den bürgerlichen Lebensstil der Leute. „Ich habe einfach kein Vertrauen in diese Gesellschaft, keine Hoffnung auf eine bessere Zukunft. Meine Lebensphilosophie heißt: Carpe diem – genieße den Augenblick", sagt er. Typisch für einen Punker wie Sven sind die gestylten Haare. Sehr beliebt ist der „Irokesenschnitt". Auch Piercings und Tattoos sind in der Punkszene sehr verbreitet. Sven hat ein Piercing, und zwar an der Zunge. „Ich will andere provozieren", sagt er.

Das Luxusmädchen

Sarah Ziegler, 17, liebt tolle Kleider und Accessoires. „Ich liebe alles, was mit Luxus zu tun hat. Wenn ich könnte, würde ich jeden Tag shoppen gehen: eine neue Tasche, ein neues Kleid, neue Schuhe …", sagt sie. Sie möchte ihr ganzes Geld für Klamotten ausgeben. Sarah ist auch eine aktive Modebloggerin. Sie macht jeden Tag ein Foto von sich und erklärt in einem kurzen Video, wo sie die Sachen gekauft hat und mit welchen anderen Kleidungsstücken sie sie noch kombiniert. Sie erklärt auch ihren Fans, welche Sachen total angesagt sind. Sarah achtet auf ihre Figur und ihr Aussehen: Sie geht regelmäßig ins Fitnessstudio. Im Moment jobbt sie als Model: heute ein Fotoshooting für ein Modemagazin, nächste Woche eine Modenschau in Mailand … In der Zukunft möchte sie ein Cabrio fahren und eine Luxuswohnung auf Sylt haben.

1 Wer ist das? Lies die Texte und bilde Sätze. > LESEN

	träumt	ein Praktikum	Rad.
	engagiert sich	keine Zeit	die Konsumgesellschaft.
Markus	möchte	ihr ganzes Geld	provozieren.
Marika	ist	auch im Winter	für eine saubere Umwelt.
Sven	macht	von einem Leben	für seine Freundin.
Sarah	will	mit seinem Piercing	für Designerkleidung ausgeben.
	fährt	gegen	mit viel Luxus.
	hat	seit vielen Jahren	bei einer Bank.

Markus macht ein Praktikum bei einer Bank.

2 Zur Kontrolle. Hör zu und sprich nach. > HÖREN ▶ 19

3 Wähle eine Person aus 1 aus und berichte über sie vor der Klasse. > SPRECHEN

Also … Markus ist 27,
er hat Internationales
Management und Finanz studiert.
Im Moment …

4 Wie findest du die vier Personen? Diskutiert in der Klasse. > SPRECHEN

Ich finde Marika sehr
unkonventionell.

Ja, du hast Recht.
Sie ist … und …

fantasievoll · konservativ · elegant · sensibel · egozentrisch · egoistisch · romantisch ·
ehrgeizig · oberflächlich · konventionell · extravagant · kreativ · zielstrebig · unkonventionell ·
gut aussehend · energisch · eitel · kultiviert

5 Ergänze die Tabelle mit den Adjektiven. > WORTSCHATZ

Name	Markus	Marika	Sven	Sarah
Charakter				
Aussehen				

6 Ich frage, du antwortest ... Bildet Dialoge. > SPRECHEN

 Was für **ein Typ** / **Mann** / **Junge** ist Markus?
Er ist **ein ehrgeiziger Typ** / **Mann** / **Junge**.

Was für **eine Person** / **Frau** ist Marika?
Marika ist **eine sympathische Person** / **Frau**.

Was für **ein Mädchen** ist Sarah?
Sarah ist **ein egozentrisches Mädchen**.

> **Grammatik**
>
> Was für ein ...?
> **ein eleganter** Mann
> **ein schönes** Mädchen
>
> Was für eine ...?
> **eine attraktive** Frau

7 Kettenfragen. > SPRECHEN

Was für ein Typ bist du? ▶ Ich bin ein dynamischer Typ. Und du? Was für eine Person bist du? ▶ Ich bin eine ...

8 Wer ist das? Bilde Sätze und antworte. > SPRECHEN

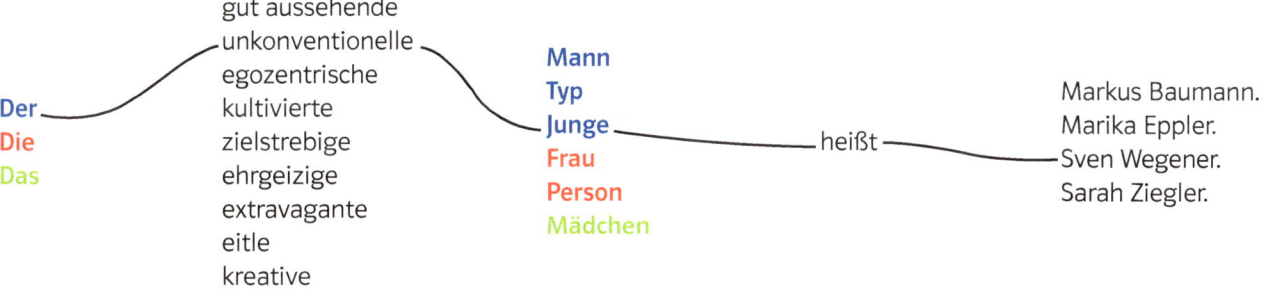

Der
Die
Das

gut aussehende
unkonventionelle
egozentrische
kultivierte
zielstrebige
ehrgeizige
extravagante
eitle
kreative

Mann
Typ
Junge
Frau
Person
Mädchen

heißt

Markus Baumann.
Marika Eppler.
Sven Wegener.
Sarah Ziegler.

9 Ergänze die Tabelle. > WORTSCHATZ

Nominativ				
maskulin	ein alternativ	Typ	der alternativ	Typ
feminin	eine kreativ	Frau	die kreativ	Frau
neutral	ein schön	Mädchen	das schön	Mädchen
Plural	elegante	Personen	die elegant	Personen

AB-Übungen
1 – 8

B Welche Mode für welchen Typ?

der Anzug
die Krawatte
das Hemd
die Schuhe
Markus Baumann

das Kleid
die Handtasche
die Stöckelschuhe
Sarah Ziegler

die Lederjacke
das T-Shirt
die Hose
die Springerstiefel
Sven Wegener

die Bluse
der Rock
die Sandalen
Marika Eppler

10 Schau dir die Personen eine Minute lang an. Mach dann das Buch zu. An wie viele Kleidungsstücke erinnerst du dich? > WORTSCHATZ

11 Farben und Muster. Hör zu und sprich nach. > HÖREN ▶ 20

weiß   schwarz   rot   braun   gepunktet   geblümt
blau   grau   rosarot   golden   gestreift   gemustert
gelb   grün

12 Was haben die Personen an? Bilde Sätze und antworte. > SPRECHEN

Marika		langen	Schuhe
Sarah	hat	gepunktetes	Hose
Sven		gestreifte	T-Shirt
Markus		blauen	Rock

Marika / Sarah / Sven / Markus — hat — einen / eine / ein / –

langen, gepunktetes, gestreifte, blauen, weißes, braune, rosarote, schwarze, schwarzes, elegante, zerrissene, goldene, bequeme, geblümten, schwarze, rote

Schuhe, Hose, T-Shirt, Rock, Krawatte, Bluse, Springerstiefel, Hemd, Kleid, Lederjacke, Anzug, Sandalen, Stöckelschuhe — an.

Und was hast du heute an?

Ich habe heute … an.

13 Wie lautet der Plural? Hör zu und ergänze. > HÖREN ▶ 21

ein Anzug — zwei Anzüg   ein Rock — zwei Röck

ein T-Shirt — zwei T-Shirt   ein Hemd — zwei Hemd

eine Bluse — zwei Bluse   eine Jacke — zwei Jacke

eine Krawatte — zwei Krawatte   ein Kleid — zwei Kleid

14 Ich frage, du antwortest … Bildet Dialoge. > SPRECHEN

● Was ziehst du heute an?
○ Ich ziehe heute einen roten Anzug an.
● Einen roten Anzug? Bist du verrückt?
○ Wieso? Ich mag rote Anzüge.

15 Wem gehört was? Bilde Sätze und antworte. > SPRECHEN

	lange			
	gepunktete	Schuhe		
	gestreifte	Hose		
	blaue	T-Shirt		
	weiße	Rock		
	braunen	Krawatte		
Der	rosarote	Bluse		Markus.
Die	schwarzen	Springerstiefel	gehört	Marika.
Das	schwarze	Hemd	gehören	Sarah.
Die	eleganten	Kleid		Sven.
	zerrissene	Lederjacke		
	goldenen	Anzug		
	bequemen	Sandalen		
	geblümte	Stöckelschuhe		
	schwarze	Handtasche		
	rote			

16 Ergänze die Tabelle. > WORTSCHATZ

Akkusativ				
maskulin	einen blau	Anzug	den blau	Anzug
feminin	eine rosarot	Bluse	die rosarot	Bluse
neutral	ein schwarz	T-Shirt	das schwarz	T-Shirt
Plural	bequem	Sandalen	die bequem	Sandalen

17 Ich frage, du antwortest ... Bildet Dialoge. > SPRECHEN

elegant · super · modisch · praktisch · schrecklich · bequem · altmodisch · cool · schick · toll

● **Welcher** Anzug gefällt dir?
○ **Der schwarze** Anzug von Markus
gefällt mir.

● **Welchen** Anzug findest du
besonders elegant?
○ Ich finde **den blauen** Anzug von
Markus sehr elegant.

Grammatik

Welcher Anzug ...?	▶ **Der** schwarze.
Welche Bluse ...?	▶ **Die** rote.
Welches T-Shirt ...?	▶ **Das** bunte.
Welchen Anzug ...?	▶ **Den** schwarzen.
Welche Bluse ...?	▶ **Die** rote.
Welches T-Shirt ...?	▶ **Das** bunte.

AB-Übungen
9 – 20

C Ein neues Leben

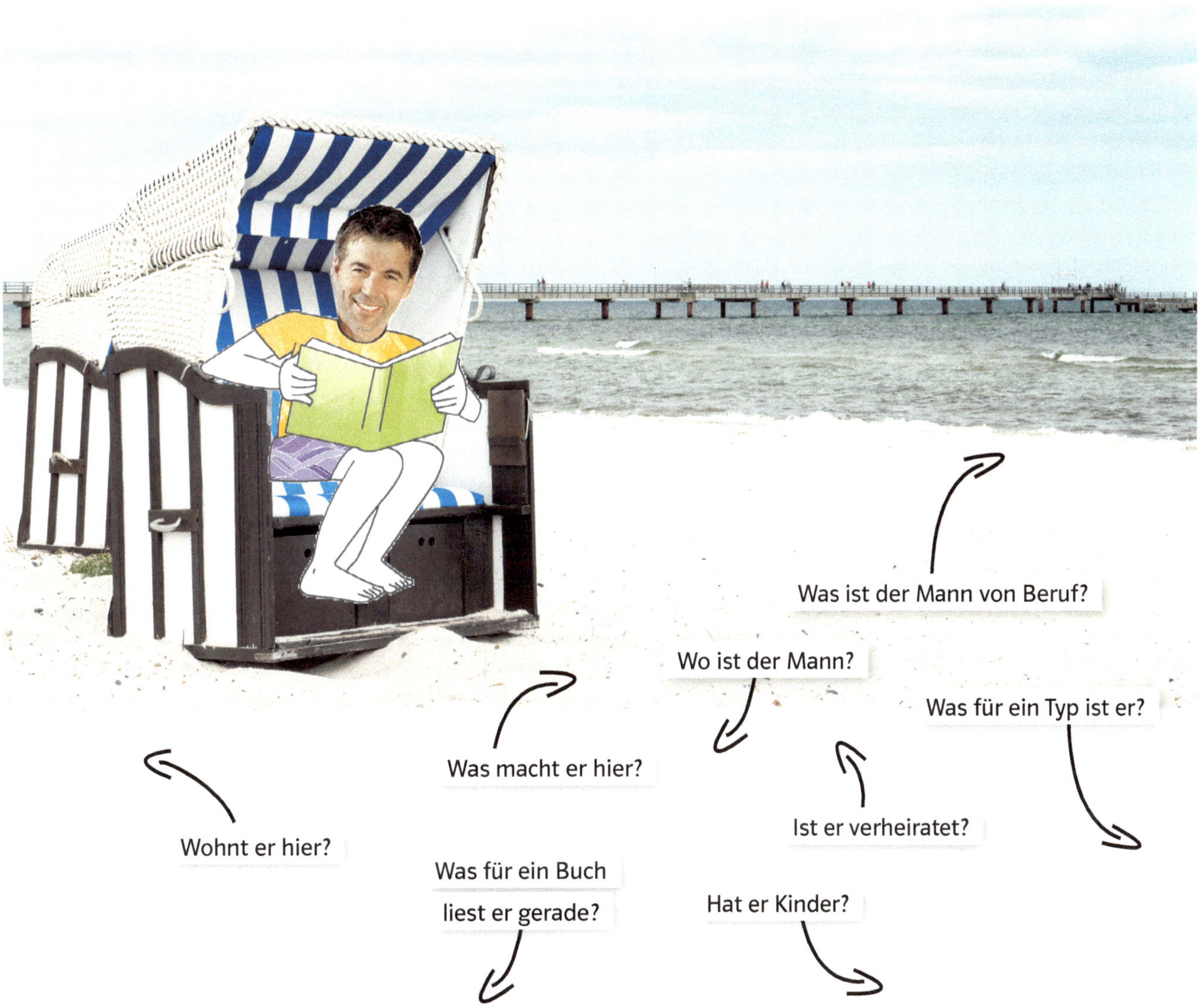

Was ist der Mann von Beruf?

Wo ist der Mann?

Was für ein Typ ist er?

Was macht er hier?

Ist er verheiratet?

Wohnt er hier?

Was für ein Buch
liest er gerade?

Hat er Kinder?

18 Sieh dir die Collage an und diskutiert in der Klasse. > SPRECHEN

19 Lies den Text. Waren deine Hypothesen richtig? > LESEN

Frank Hansen, 44, war früher Manager. Jahrelang hat er eine Firma geleitet. Das war ein stressiger Job:
Er hat jeden Tag 12 bis 14 Stunden gearbeitet, oft auch am Wochenende. Er hat zwar gut verdient, hatte
aber überhaupt keine Freizeit. Er hatte viel Geld, aber keine Zeit, es sinnvoll auszugeben. Nach Jahren war
er total ausgebrannt. Er wollte etwas in seinem Leben ändern. Er hat also beschlossen, sich von seinem
bisherigen Leben zu verabschieden und … auszusteigen. Heute lebt Herr Hansen auf Hiddensee, einer
kleinen Insel in der Ostsee.

20 Interview mit Herrn Hansen. Hör zu und lies mit. > HÖREN ⏵ 22

- Herr Hansen, was sind Sie von Beruf?

- Sie waren Manager? Und was machen Sie jetzt?

- Wie verdienen Sie Geld?

- Sind Sie verheiratet? Haben Sie Kinder?

- Sind Sie zufrieden mit Ihrem Leben hier auf Hiddensee?

- Warum haben Sie Hiddensee gewählt?

- Haben Sie Pläne für die Zukunft?

- Herr Hansen, ich wünsche Ihnen alles Gute!

- Ich war Manager.

- Ich genieße den Tag. Ich lese, höre Musik, schreibe Gedichte …

- Ich habe früher viel gearbeitet und viel verdient. Ich habe genug Geld. Ich muss nichts verdienen.

- Nein, ich bin Single.

- Ja, ich bin jetzt zufrieden. Ich habe endlich viel Zeit für mich.

- Hier leben ganz wenige Leute. Und es gibt keine Autos!

- Nein, ich habe im Moment keine Pläne. Wie gesagt, ich genieße jeden Tag hier.

- Danke!

21 Richtig (R) oder falsch (F)? Kreuze an. > LESEN

	R	F
1. Herr Hansen hat als Manager gearbeitet.		
2. Herr Hansen arbeitet an Wochenenden.		
3. Herr Hansen hat keine Freizeit mehr.		
4. Herr Hansen hat eine neue Freundin.		
5. Herr Hansen verdient gut auf Hiddensee.		
6. Herr Hansen ist zufrieden mit seinem jetzigen Leben.		
7. Herr Hansen möchte in Zukunft eine internationale Firma leiten.		

22 Schreib die Sätze zu Ende. > WORTSCHATZ

Die Interviewerin möchte wissen,

was Herr Hansen von Beruf ist.

ob

ob

was

was

ob

23 Bildet Dialoge wie im Beispiel. > SPRECHEN

Grammatik

Ich frage,
ob du morgen Zeit **hast**.
was Max am Abend **macht**.

- Was macht Herr Hansen im Moment?
- Wie bitte? Was hast du gefragt?
- Ich habe gefragt, was Herr Hansen im Moment macht.
- Ach so! Er liest Bücher und hört Musik.

wo, wohnen? ▶ in einer kleinen Ferienwohnung
neue Freunde, haben? ▶ nein, keine Freunde
viel arbeiten? ▶ nein, lesen und Musik hören
warum, seinen Job aufgeben? ▶ ausgebrannt sein

wie lange, auf Hiddensee wohnen? ▶ zwei Jahre
sein Auto, auf Hiddensee brauchen? ▶ nein, Rad
fahren

AB-Übungen
21 – 26

Phonetik

1 Hör die Adjektive aus der Lektion und markiere den Akzentvokal. > HÖREN ▶ 23

alternativ	extravagant	dynamisch	autoritär	tolerant	konsequent
aggressiv	oberflächlich	kreativ	egoistisch	extrovertiert	romantisch
egozentrisch	zielstrebig	sensibel	ehrgeizig	fantasievoll	

Ist der Vokal lang (_) oder kurz (.)?

2 Sprich die Wörter einzeln und klopfe die Akzentsilbe laut auf den Tisch.

3 Verwende die Wörter in Sätzen.

Bist du ehrgeizig?

Nein, ehrgeizig bin ich nicht.

GRAMMATIK SCHNELL & KLAR

Deklination der Adjektive

Singular

maskulin	feminin	neutral
Nominativ		
ein schöner Rock	eine schöne Tasche	ein schönes Kleid
ein neuer Hut	eine neue Bluse	ein neues T-Shirt
Akkusativ		
einen schönen Rock	eine schöne Tasche	ein schönes Kleid
einen neuen Hut	eine neue Bluse	ein neues T-Shirt

Plural

Nominativ	Akkusativ
bequeme Schuhe	bequeme Schuhe

Singular

maskulin	feminin	neutral
Nominativ		
der schöne Rock	die schöne Tasche	das schöne Kleid
der neue Hut	die neue Bluse	das neue T-Shirt
Akkusativ		
den schönen Rock	die schöne Tasche	das schöne Kleid
den neuen Hut	die neue Bluse	das neue T-Shirt

Plural

Nominativ	Akkusativ
die bequemen Schuhe	die bequemen Schuhe

Deine Beispiele

Auf dem Fußboden liegen:

ein

eine

ein

Im Kleiderschrank gibt es:

einen

eine

ein

die Schuhe / gelb

Wie gefallen dir   ?

die Jeans / zerrissen

Wo liegen   ?

das Kleid / geblümt

Wie findest du   ?

der Rock / blau

Hast du   ?

die Handtasche / gemustert

Wo ist   ?

Das Fragewort *welch-?*

Singular

maskulin	feminin	neutral
Nominativ		
welcher	welche	welches
Akkusativ		
welchen	welche	welches

Plural

Nominativ	Akkusativ
welche	welche

Die Frage *Was für ein / eine ...?*

Singular

maskulin	feminin	neutral
Nominativ		
was für ein	was für eine	was für ein
Akkusativ		
was für einen	was für eine	was für ein

Plural

Nominativ	Akkusativ
was für	was für

Indirekte Fragen mit Fragewort

Melanie fragt, **wann** der Film **anfängt**.

Ich möchte wissen, **wo** mein Handy **ist**.
Jana fragt, **wie** dein Hund **heißt**.
Ich weiß nicht, **wie** spät es **ist**.

Indirekte Fragen mit *ob*

Melanie fragt, **ob** Markus heute **kommt**.

Ich weiß nicht, **ob** Julia morgen Geburtstag **hat**.
Ich bin nicht sicher, **ob** Markus gut in Mathe **ist**.
Tobias fragt, **ob** ich Geschwister **habe**.

Deine Beispiele

- _____ Sessel findest du bequem?
- Den kleinen rechts.
- _____ Handtasche kaufen wir für Julia?
- Die rote hier.
- _____ Sofa gefällt dir?
- Das grüne in der Ecke.
- _____
- _____

- Was für _____ Auto gefällt dir?
- Ein gelbes Auto.
- Was für _____ Hose gefällt dir?
- Eine kurze Hose.
- Was für _____ Laptop möchtest du haben?
- Einen kleinen Laptop.
- Was für _____ ?
- _____

- Was möchtest du von deiner Lieblingsschauspielerin wissen?
- Ich möchte wissen,

  wie _____

  wo _____

  was _____

  wann _____

  wie lange _____

  wie oft _____

  ob _____

Wichtige Wörter

das **Accessoire**, -s

der **Anzug**, ¨e

die **Bluse**, -n

die **Designerkleidung** (Singular)

die **Handtasche**, -n

das **Hemd**, -en

die **Hose**, -n

die **Jeans** (Plural)

das **Kleid**, -er

die **Krawatte**, -n

die **Lederjacke**, -n

der **Rock**, ¨e

die **Sandale**, -n

der **Schuh**, -e
Wie findest du meine Stöckelschuhe?

der **Stiefel**, -
Ich ziehe meine neuen Springerstiefel an.

das **T-Shirt**, -s

geblümt

gemustert

gepunktet

gestreift

zerrissen
Ich liebe meine zerrissenen Jeans.

das **Aussehen** (Singular)
Das Aussehen ist für mich wichtig.

die **Figur**, -en
Sie hat eine schöne Figur.

gestylt
Typisch sind die gestylten Haare.

das **Piercing**, -s
Er hat ein Piercing an der Zunge.

der **Schnitt**, -e
Er hat einen modischen Haarschnitt.

das **Tattoo**, -s

aggressiv

alternativ

ausgebrannt
Er fühlte sich total ausgebrannt.

egoistisch

egozentrisch

ehrgeizig

eitel

extravagant

fantasievoll

kreativ

kultiviert

oberflächlich

romantisch

sensibel

unkonventionell

zielstrebig

ab|brechen
Warum hat er die Ausbildung abgebrochen?

(sich) ändern
In Zukunft wird sich das ändern.

die **Beraterin**, -nen
Sie arbeitet als Beraterin in einem Bioladen.

das **E-Bike**, -s

die **Karriere**, -n
Er will schnell Karriere machen.

klingen
Das klingt interessant.

der **Lebensstil**, -e

die **Modebloggerin**, -nen

das **Motto**, -s
Wie ist dein Motto?

das **Praktikum**, Praktika

das **Ziel**, -e
Ich will mein Ziel erreichen.

Landeskunde

1 Lies den Text und beantworte die Frage.

BLOG

DER AUSSTEIGER

Aussteigen kann man nicht nur aus dem Bus oder Zug. Aussteigen kann man auch aus dem Arbeitsleben. Laut Umfragen träumt jeder zweite Deutsche von einem Ausstieg, doch nur wenige verwirklichen diesen Traum. So wie Martin, 35, der aus Stuttgart kommt und dort auch gearbeitet hat. Als seine Freunde von seinen Plänen hörten, schüttelten sie nur den Kopf. Martin, der **ehrgeizige** Mitarbeiter einer Stuttgarter Werbeagentur – ein Aussteiger? Bis vor kurzem hatte er alles erreicht, was er erreichen wollte: Abitur, Studium mit Bestnote und in Rekordzeit, eine schnelle Karriere in der Agentur, zufriedene Kunden und ein **sehr hohes** Gehalt. Er fuhr ein **schnelles** Auto und trug **elegante** Anzüge.

Doch das ist jetzt alles von einem auf den anderen Tag vorbei. Martin hatte einfach genug und ist ausgestiegen. Das Auto und die Anzüge hat er verkauft. Sein **attraktives** Loft in der Innenstadt hat er gegen ein **einfaches** Holzhaus im Schwarzwald getauscht. Statt jeden Tag in die Agentur oder zu Kunden zu fahren, kümmert er sich jetzt um seinen Gemüsegarten. Wenn alte Freunde bei ihm vorbeischauen, stellen sie ihm immer wieder die gleiche Frage: „Warum bist du ausgestiegen?"

Was meinst du, warum ist Martin ausgestiegen?

Vielleicht hatte er Probleme mit dem Chef.

Wahrscheinlich hatte er zu viel Stress.

Ich glaube, dass er unzufrieden war.

2 Sag das anders. Tausche die markierten Adjektive im Text aus.

gigantisch · simpel · schön · modisch · sportlich · zielstrebig

---

Projektecke **Mode aus Deutschland**

Arbeitet in Gruppen. Sucht im Internet nach deutschen Modedesignern. Wählt einen oder eine aus, sammelt Informationen und präsentiert sie vor den anderen Gruppen.

Name: Jil Sander
Ort: Hamburg
Stil: klar, zeitlos, minimalistisch
Ausbildung: ...

1 Wer sagt das? Lies die Aussagen und ergänze die Namen. > LESEN

Was denken Jugendliche über das Thema Mode?

Lisa

Wenn ich neue Kleider brauche, kaufe ich mir Sachen, die mir gut stehen und die nicht zu teuer sind. Aber ich frage mich nicht, ob sie modisch sind oder nicht. Im Moment sind meine Jeans mein schönstes Kleidungsstück. Ich würde sie nie gegen ein anderes modisches Kleidungsstück tauschen. Für mich sind sie immer modisch!

Julia

Ich finde die neue Mode einfach super! Ich mag den neuen Stil. Auch die Farben gefallen mir sehr. Eines finde ich aber unmöglich: diese Schuhe mit den Spitzen! Wie kann man mit so was rumlaufen? Aber abgesehen davon bin ich der Typ, der sich gern nach der Mode kleidet. Und wenn ein Kleidungsstück aus der Mode kommt, bleibt es dann im Kleiderschrank hängen. Und das ärgert natürlich meine Mutter sehr.

Hanna

Ich finde es toll, mich nach der Mode zu kleiden. Im Moment finde ich Schlaghosen, die ich ganz niedrig an den Hüften trage, einfach cool. Es gefällt mir, Klamotten zu tragen, die „in" sind. Dafür gebe ich gern mein Taschengeld aus.

Felix

Ich finde Mode nicht so wichtig. Viele von meinen Klassenkameraden kaufen teure Klamotten, ich nicht. Und es gibt sogar Cliquen, wo man nicht akzeptiert wird, wenn man sich nicht wie die anderen kleidet. Das finde ich blöd!

1. Ich kaufe mir die Sachen, die mir gefallen.

2. Ich gehe immer mit der Mode.

3. Ich kaufe keine teuren Klamotten.

4. Schuhe mit Spitzen finde ich unmöglich.

5. In einigen Cliquen sind Klamotten wichtig.

6. Schlaghosen gefallen mir sehr.

7. Ich trage nur modische Kleidungsstücke.

8. Ich bin für die Mode.

2 Richtig (R) oder falsch (F)? Hör zu und kreuze an. > HÖREN ⏵ 24

	R	F
1. Hermann Seiler arbeitete als Angestellter.	☐	☐
2. Hermann Seiler war 43 Jahre alt.	☐	☐
3. Hermann Seiler wohnte allein.	☐	☐
4. Hermann Seiler war nach Spanien gefahren.	☐	☐
5. Hermann Seiler lebt jetzt in einem Dorf in Spanien.	☐	☐
6. Hermann Seiler will bald zurückkehren.	☐	☐

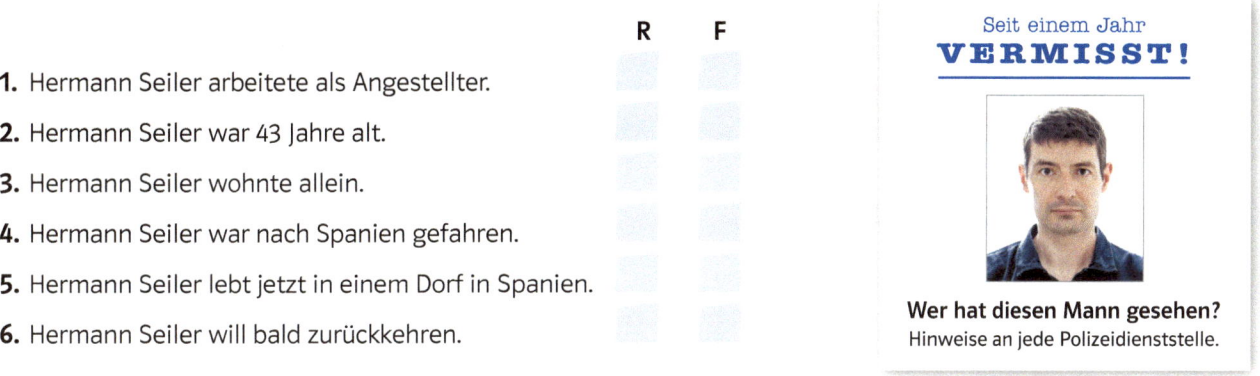

Seit einem Jahr
VERMISST!

Wer hat diesen Mann gesehen?
Hinweise an jede Polizeidienststelle.

3 Lies die Blogeinträge der Jugendlichen und äußere deine Meinung. > SCHREIBEN

http://blog-modeportal.de   ↻   Suche   ▶

Carla
Mir macht Mode sehr viel Spaß. Ich versuche immer herauszufinden, was der neueste Trend ist. Und dann trage ich die Sachen, noch bevor sie irgendjemand anders in der Schule anhat. Oft kommen dann andere Mädchen zu mir und sagen: „Wow, wo hast du denn den Rock her, der sieht ja klasse aus!" Das gibt mir dann immer ein gutes Gefühl.

Arno
Wie wichtig ist Mode in meinem Leben? Schwer zu sagen. Mir ist es eigentlich völlig egal, wie ich aussehe. Für mich ist einfach nur wichtig, dass die Sachen, die ich trage, mich vor Kälte oder Regen schützen und dass ich mich in ihnen absolut wohlfühle. Deshalb trage ich oft total alte Sachen. Ich finde das sehr praktisch, da brauche ich nicht so viel Geld für Klamotten auszugeben.

4 Erzähle von deinem Lieblingskleidungsstück. > SPRECHEN

Mein Lieblingskleidungsstück ist ein / eine … Ich habe … gekauft. …

A Ich habe mich verliebt!

1. Sag mal, Jana, wie war's gestern auf der Party?

2. Super! Er war auch dabei!

3. Er? Meinst du Justin?

4. Ja. Er ist sooo schön: die blonden Haare, die hellblauen Augen … Und er ist so nett, lieb und sensibel …

1 Hör zu und lies mit. > HÖREN ▶ 25

2 Was für ein Typ ist Justin? Ergänze die Endungen. > WORTSCHATZ

Jana hat sich in Justin verliebt, weil er	ein nett	Junge	
	ein sensibl	Typ	ist.
	ein lieb	Mensch	
	blond	Haare	hat.
	hellblau	Augen	

3 Jana und Justin: Ein Traumpaar? Beschreibe die beiden. > SPRECHEN

Haare	schwarz, lang	kurz, blond
Augen	dunkel, groß	hellblau, groß
Gesicht	oval	quadratisch
Nase	klein	klein
Mund	schmal	groß
Charakter	geduldig	temperamentvoll
Persönlichkeit	dynamisch	energisch
Eigenschaften	romantisch, gut aussehend	kontaktfreudig, selbstbewusst

Ich glaube, Jana und Justin passen gut zusammen, weil …

Jana ist ein romantisches Mädchen.

Justin hat eine energische Persönlichkeit.

Jana hat schwarze, lange Haare.

4 Justins Kurznachricht an Jana. Lies und unterstreiche dabei alle Artikel- und Adjektivendungen. > LESEN

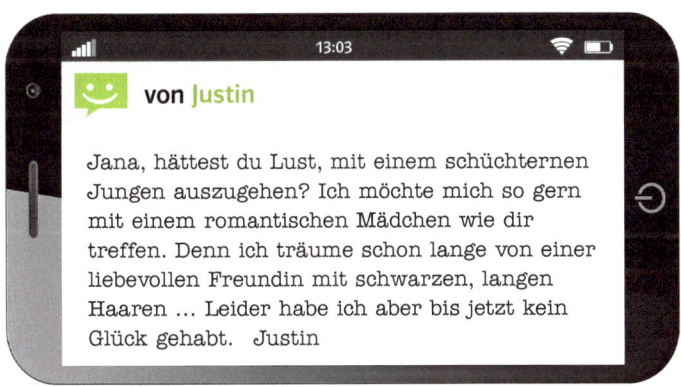

von Justin

Jana, hättest du Lust, mit einem schüchternen Jungen auszugehen? Ich möchte mich so gern mit einem romantischen Mädchen wie dir treffen. Denn ich träume schon lange von einer liebevollen Freundin mit schwarzen, langen Haaren … Leider habe ich aber bis jetzt kein Glück gehabt. Justin

Achte auf die Adjektivendungen im Dativ. Was fällt dir auf?

5 Ergänze die Endungen. > WORTSCHATZ

mit **einem** schüchtern_____ Jungen

von **einer** liebevoll_____ Freundin

mit **einem** romantisch_____ Mädchen

mit schwarz_____, lang_____ Haaren

6 Ich frage, du antwortest ... Bildet Dialoge. > SPRECHEN

die Bluse, weiß / die Hose, gemustert
die Jacke, gelb / die Leggins, eng

der Rock, lang / das Top, schwarz
das T-Shirt, gepunktet / die Jeans, zerrissen

7 Ergänze die Endungen. > WORTSCHATZ

Dativ				
maskulin	einem kurz	Rock	dem kurz	Rock
feminin	einer weiß	Bluse	der weiß	Bluse
neutral	einem modisch	T-Shirt	dem modisch	T-Shirt
Plural	eng	Leggins	den eng	Leggins

8 Ich frage, du antwortest ... Bildet Dialoge. > SPRECHEN

das Kleid, rot / die Schuhe, rosarot
der Pullover, blau / die Hose, kariert
das Sweatshirt, grün / das T-Shirt, golden
die Schuhe, orange / die Jeans, blau
die Jacke, rosarot / das Top, gelb

9 Lest den Text. Schreibt zu zweit die Geschichte zu Ende. > SCHREIBEN

Jana und Justin haben sich in einem exklusiven Lokal in der Stadt getroffen. Jana war sehr aufgeregt und Justin auch. Das erste Treffen ist gut verlaufen. Die beiden haben sich prima verstanden: Sie haben lange miteinander geredet und die Zeit ist wie im Flug vergangen. Anschließend hat Justin Jana nach Hause begleitet und sich mit einem Küsschen auf die Wange verabschiedet. Jana war überrascht, hat sich aber sehr darüber gefreut.

Und jetzt? Wie geht es weiter? Was meinst du?

10 Präsentiert eure Geschichten vor der Klasse. > SPRECHEN

Am nächsten Tag lädt Justin Jana ins Kino ein.

...

11 Justin erzählt. Lies den Text und ergänze die Endungen. > WORTSCHATZ

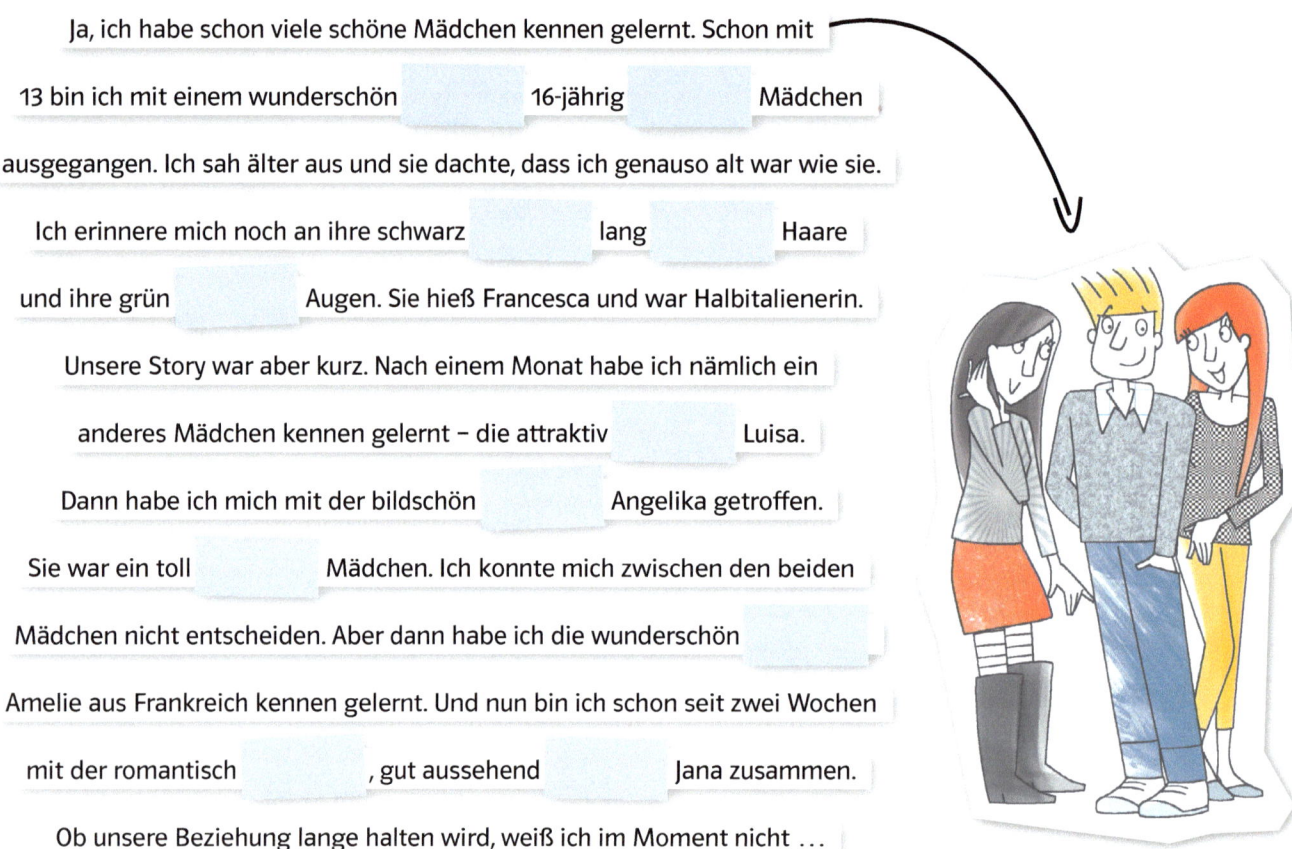

Ja, ich habe schon viele schöne Mädchen kennen gelernt. Schon mit

13 bin ich mit einem wunderschön _____ 16-jährig _____ Mädchen

ausgegangen. Ich sah älter aus und sie dachte, dass ich genauso alt war wie sie.

Ich erinnere mich noch an ihre schwarz _____ lang _____ Haare

und ihre grün _____ Augen. Sie hieß Francesca und war Halbitalienerin.

Unsere Story war aber kurz. Nach einem Monat habe ich nämlich ein

anderes Mädchen kennen gelernt – die attraktiv _____ Luisa.

Dann habe ich mich mit der bildschön _____ Angelika getroffen.

Sie war ein toll _____ Mädchen. Ich konnte mich zwischen den beiden

Mädchen nicht entscheiden. Aber dann habe ich die wunderschön _____

Amelie aus Frankreich kennen gelernt. Und nun bin ich schon seit zwei Wochen

mit der romantisch _____, gut aussehend _____ Jana zusammen.

Ob unsere Beziehung lange halten wird, weiß ich im Moment nicht …

12 Zur Kontrolle. Hör zu und lies mit. > HÖREN ⊙ 26

13 Was für eine Person bist du? Markiere und erzähle. > SPRECHEN

	ja	nein
1. Bist du traurig, wenn du unglückliche Leute siehst?		
2. Bist du impulsiv? Streitest du dich oft mit anderen?		
3. Bist du offen? Knüpfst du schnell Kontakte?		
4. Bist du schüchtern? Hast du Probleme, eine fremde Person anzusprechen?		
5. Bist du zuverlässig? Bist du da, wenn deine Freunde dich brauchen?		
6. Bist du idealistisch? Würdest du für deine Ideale kämpfen?		
7. Bist du hilfsbereit? Bietest du schnell deine Hilfe an?		
8. Bist du spontan? Begeisterst du dich schnell für neue Projekte?		

AB-Übungen
1 - 11

B Es wäre schön, wenn ...

14 Wie lautet der letzte Satz jeder Aussage? Lies die Texte und entscheide. > LESEN

Ich wohne seit drei Jahren im Internat einer der besten Sportschulen hier im Lande. Das ist mein zweites „Zuhause". Ich trainiere Fußball, ich will Profispieler werden. Von Montag bis Freitag haben wir Trainings. Am Samstag spielen wir dann gegen eine andere Schule. Wir kommen aus verschiedenen Orten, deshalb müssen wir im Internat wohnen. Nur an einem Wochenende im Monat dürfen wir unsere Familien besuchen. Im Internat teile ich das Zimmer mit meinem Freund Jochen. Das ist super, aber manchmal ist es schade, dass ich nie allein sein kann.

Es wäre schön, wenn ...

**Peter Nimsch,
19, Schüler**

Ich bin einfach überfordert! Im Moment habe ich sehr viel zu tun und mein Leben ist bestimmt nicht einfach. Ich muss nächste Woche eine schwierige Prüfung ablegen und mein Praktikum in der Schule absolvieren. Ich studiere nämlich Pädagogik, schon im achten Semester. Dazu ist meine liebe Oma seit drei Monaten krank und sie braucht ganztägig Pflege. Ich bin also jeden Tag bei ihr. Meine Tage sind einfach zu kurz und der Prüfungstermin kommt bald. Ich schlafe im Moment nur vier Stunden in der Nacht. Was soll ich tun?

Sicher wäre es sehr schön, wenn ...

**Claudia Rust,
26, Studentin**

Mein normaler Arbeitstag dauert 13 oder 14 Stunden. Dazu kommen viele Besprechungen und Auslandsreisen. Ich war letzte Woche in Peking, morgen fahre ich nach Holland und in drei Tagen in die Türkei. Ich bin viel unterwegs, aber das ist nicht sehr schön. Ich bin oft allein, und die Abende im Hotel sind auch nicht lustig. Aber als Manager verdiene ich viel und das finde ich super.

Aber es wäre schön, wenn ...

**Klaus Holzmann,
51, Manager**

a. ich nicht so viel reisen müsste.

b. ich meine Eltern häufiger sehen könnte.

c. ich nicht an langweiligen Konferenzen teilnehmen müsste.

d. ich mehr Zeit für das Lernen hätte.

e. meine Oma gesund wäre.

f. ich nicht in einem Internat wohnen würde.

g. ich jeden Tag Golf und Tennis spielen könnte.

h. ich das Zimmer nur für mich allein hätte.

i. ich meine Prüfung gut bestehen würde.

15 Schreib die Sätze zu Ende. > WORTSCHATZ

Peter Nimsch sagt:

Es wäre schön, wenn

wenn

wenn

Claudia Rust sagt:

Es wäre schön, wenn

wenn

wenn

Klaus Holzmann sagt:

Es wäre schön, wenn

wenn

wenn

16 Was sollten Peter, Claudia und Klaus machen? Bilde Sätze. > SPRECHEN

Er / Sie könnte ...

An seiner Stelle würde ich ...

Er / Sie sollte ...

Wenn ich Peter / Claudia / Klaus wäre, würde ich ...

An ihrer Stelle würde ich ...

kündigen · einen langen Urlaub machen · Freunde oder Familie um Hilfe bitten · ein Zimmer neben der Schule mieten · die Stelle wechseln · eine Pflegerin für die Oma anstellen · auf die Sportschule verzichten · ein Wochenende allein verbringen · den Prüfungstermin verlegen

17 Was würdest du machen, wenn …? Ordne zu. > WORTSCHATZ

Was würdest du machen, …

1. ____ wenn du eine schlechte Note in Mathe bekommen würdest?
2. ____ wenn du die Schultasche verlieren würdest?
3. ____ wenn du Streit zu Hause hättest?
4. ____ wenn deine Oma morgen Geburtstag hätte?
5. ____ wenn du plötzlich reich wärest?
6. ____ wenn du keine Freunde hättest?

a. Ich würde eine Reise um die Welt machen.
b. Ich würde versuchen, neue Menschen kennen zu lernen.
c. Ich würde Nachhilfe nehmen.
d. Ich würde mir einen neuen Rucksack kaufen.
e. Ich würde ihr ein schönes Geschenk kaufen.
f. Ich würde offen mit meinen Eltern darüber sprechen.

Grammatik

Ich **wäre** glücklich.
Sie **hätte** viel Geld.

Ich **würde** … **sprechen**.
Er **würde** … **fahren**.

18 Schreib die Sätze zu Ende. > WORTSCHATZ

1. Wenn ich eine schlechte Note in Mathe bekommen würde,

2. Wenn ich die Schultasche verlieren würde,

3. Wenn ich Streit zu Hause hätte,

4. Wenn meine Oma morgen Geburtstag hätte,

5. Wenn ich plötzlich reich wäre,

6. Wenn ich keine Freunde hätte,

19 Ich frage, du antwortest … Bildet Dialoge. > SPRECHEN

Was würdest du machen, um eine gute Note in Mathe zu bekommen?

Um eine gute Note in Mathe zu bekommen, würde ich …

Was würdest du machen, um perfekt Deutsch zu sprechen?

AB-Übungen
12 – 17

C Liebling, wir sind Millionäre!

20 Hör zu und lies mit. > HÖREN ▶ 27

21 Beantworte die Fragen. > SPRECHEN

Warum freut sich Herr Koch?

Was meinst du, warum freut sich Frau Koch nicht?

22 Was machen Kochs mit einer Million? Sammelt Ideen und erzählt. > SPRECHEN

Herr Koch möchte ...	*Frau Koch würde gerne ...*

23 Kettenübung. > SPRECHEN

Was würdest du machen, wenn du eine Million gewinnen würdest? ▶ Ich würde mir ein schönes Auto kaufen.
Und du? Was würdest du machen, wenn du eine Million gewinnen würdest? ▶ Ich …

24 Herr Koch erzählt. Lies und ordne die Geschichte. > LESEN

Als ich Samstagabend die Lottoziehung im Fernsehen verfolgte, konnte ich meinen Augen nicht trauen: Ich hatte endlich gewonnen! Ich rief sofort meine Frau, um ihr zu sagen, dass wir Millionäre sind.

Ich habe immer gehofft, dass ich früher oder später gewinne. Ich habe meine festen Zahlen, die ich jede Woche tippe, und zwar 8, 17, 26, 29, 33, 40.

Letzte Woche hatte ich den Lottoschein ausgefüllt und meine Frau gebeten, dass sie ihn am Kiosk abgibt.

1 Jetzt erzähle ich euch eine unglaubliche Geschichte. Wie ihr wisst, spiele ich regelmäßig Lotto.

Das passiert selten, denn normalerweise mache ich das persönlich.

Sie ging in die Küche und kam bald danach zurück. In der Hand hielt sie den Lottoschein. „Ich habe vergessen, ihn abzugeben", sagte sie …

Komischerweise zeigte sie keine Reaktion, als ich ihr sagte: „Du, Eva, wir haben im Lotto gewonnen!" Und ich konnte mir nicht erklären, warum.

25 Zur Kontrolle. Hör zu und lies mit. > HÖREN ⊙ 28

AB-Übungen
18 - 24

Phonetik

1 Hör die drei Diphthonge und die Wörter und sprich sie nach. > HÖREN ⊙ 29

[a̯e] Kleid, zwei   [a̯o] blau, auch   [ɔ̯ø] neu, Freund

2 Hör zu, lies mit und sprich nach. Achte auf die richtige Aussprache der Diphthonge. > HÖREN ⊙ 30

Claudia träumt von
einem neuen Freund
einem gestreiften Kleid
Urlaub im August

Klaus denkt nicht gern an
Streit mit Freunden
die enttäuschte Deutschlehrerin
langweilige Hausaufgaben

Wer findet die
meisten Wörter?
Du hast eine Minute Zeit.

3 Finde in der Lektion so viele Wörter mit Diphthongen wie möglich.

4 Schreib lange Sätze und verwende viele Wörter mit Diphthongen. Lies die Sätze in der Gruppe vor.

Deklination der Adjektive

Singular

maskulin	feminin	neutral
Nominativ		
der neue Hut	die neue Hose	das neue Top
Dativ		
dem neuen Hut	der neuen Hose	dem neuen Top

Plural

Nominativ	Dativ
die roten Schuhe	den roten Schuhen

Singular

maskulin	feminin	neutral
Nominativ		
ein schöner Rock	eine schöne Jacke	ein schönes Top
Dativ		
einem schönen Rock	einer schönen Jacke	einem schönen Top

Plural

Nominativ	Dativ
rote Schuhe	roten Schuhen

Singular

maskulin	feminin	neutral
Nominativ		
starker Tee	kalte Milch	heißes Wasser
Dativ		
starkem Tee	kalter Milch	heißem Wasser

Plural

Nominativ	Dativ
süße Birnen	süßen Birnen

Deine Beispiele

Die rosarote Bluse passt nicht zu _____

Der graue Anzug passt nicht zu _____

Das gestreifte Hemd passt nicht zu _____

In dem _____ Kleid siehst du sehr attraktiv aus.

In der _____ Bluse siehst du lächerlich aus.

In _____

In _____

In _____

… sehe ich attraktiv aus!

Ich möchte mich … treffen.

mit einem bekannt___ Sportler

mit einem interessant___ Schriftsteller

mit einer lieb___ Freundin

mit sympathisch___ Schülerinnen und Schülern aus der Parallelklasse

Trägst du gern kurz___ Röcke?

Ich suche bequem___ Stiefel aus Leder.

Hast du ein Kleid mit lang___ Arm?

Grell___ Farben mag ich nicht!

Mir gefallen Mädchen mit schwarz___ Haar___

Konjunktiv II: *haben* und *sein*

	haben	sein
ich	hätte	wäre
du	hättest	wärest
er, sie, es	hätte	wäre
wir	hätten	wären
ihr	hättet	wäret
sie, Sie	hätten	wären

würde + **Infinitiv**

	würde + **Infinitiv**		
ich	würde	…	reisen
du	würdest	…	reisen
er, sie, es	würde	…	reisen
wir	würden	…	reisen
ihr	würdet	…	reisen
sie, Sie	würden	…	reisen

Konjunktiv II: Modalverben

	können	müssen	dürfen
ich	könnte	müsste	dürfte
du	könntest	müsstest	dürftest
er, sie, es	könnte	müsste	dürfte
wir	könnten	müssten	dürften
ihr	könntet	müsstet	dürftet
sie, Sie	könnten	müssten	dürften

	sollen	wollen
ich	sollte	wollte
du	solltest	wolltest
er, sie, es	sollte	wollte
wir	sollten	wollten
ihr	solltet	wolltet
sie, Sie	sollten	wollten

Deine Beispiele

Wünsche

Ich _____ gern ein schnelles Auto.

Ich _____ gern reich!

Wenn du berühmt _____ , _____ du

viele Fans.

Es _____ schön, wenn wir mehr Freunde

_____ .

Was würden sie gern machen?

Jochen _____

Mesut und Julia _____

Fabian _____

Lena _____

Was _____ du gerne machen?

_____

Wenn meine Eltern viel Geld hätten,

m_____ sie nicht arbeiten.

K_____ du bitte mir helfen?

K_____ ihr mein Fahrrad reparieren?

D_____ ich Sie um Hilfe bitten?

Ich sollte mehr Obst essen!

Meine Freundin _____

Mein Freund _____

Meine Eltern _____

Meine Geschwister _____

Dann wären wir gesünder.

Wichtige Wörter

aufgeregt

bildschön

geduldig

idealistisch

impulsiv

kontaktfreudig

lieb

liebevoll

schüchtern

selbstbewusst

sensibel

verliebt

verständnisvoll

wunderschön

zuverlässig

das Gesicht, -er

das Haar, -e

oval
Sie hat ein ovales Gesicht.

quadratisch
Er hat ein quadratisches Gesicht.

schlank
Sie hat eine schlanke Figur.

schmal
Sie hat einen schmalen Mund.

an|ziehen
Zieh etwas anderes an!

passen (zu + Dat.)
Die schwarze Bluse passt nicht zu dem braunen Rock.

die Beziehung, -en

der Charakter, -e

die Emotion, -en

das Gefühl, -e

das Glück (Singular)
Ich habe kein Glück gehabt.

halten
Unsere Beziehung wird lange halten.

das Küsschen, -
Er gibt ihr ein Küsschen.

die Persönlichkeit, -en

das Treffen, -

sich verabschieden (von + Dat.)
Jana hat sich von Justin verabschiedet.

vergehen
Die Zeit ist wie im Flug vergangen.

verlaufen
Das erste Treffen ist gut verlaufen.

die Auslandsreise, -n

das Internat, -e

die Prüfung, -en
Ich muss eine Prüfung ablegen.

unterwegs
Er ist oft unterwegs.

überfordert

wechseln
Ich möchte die Arbeit wechseln.

das Zuhause (Singular)

ab|geben

aus|füllen

das Lotto
Ich habe den Lottoschein ausgefüllt.

der Millionär, -e

tippen
Welche Zahlen hast du getippt?

trauen
Ich traue meinen Augen nicht.

der Traum, ¨e

träumen (von + Dat.)

Landeskunde

1 Lies den Text, verbinde die Satzteile und beantworte die Fragen.

Die Charles Kuonen Hängebrücke im Schweizer Kanton Wallis ist mit 494 Metern Länge die längste Fußgänger-Hängebrücke der Welt. Sie ist seit 2017 Teil des Europawegs und verbindet für die Wanderer die beiden Gemeinden Zermatt und Grächen.

Hier stehe ich nun. Nur ein paar Schritte weiter und ich würde auf der Brücke stehen. Doch ich traue mich einfach nicht. Hier, auf dem Europaweg geht es noch: Das Panorama der Berge ist traumhaft und ich habe noch keine Höhenangst. Die Brücke ist aber fast 500 Meter lang, weniger als 1 Meter breit und sie hängt: Ganz tief nach unten geht es, man sieht bis ins 100 Meter entfernte Mattertal hinein. Nein, das kann ich nicht. Das will ich nicht. Ich bekomme so eine Höhenangst. Meine Freunde gehen voraus und ich warte. Jetzt bleiben sie stehen, drehen sich um und winken mir. Was soll ich nur machen? Soll ich zurückgehen? Soll ich versuchen, die Angst zu besiegen?

1. Wenn Alex ein paar Schritte machen würde,
2. Wenn die Brücke nicht so schmal und lang wäre,
3. Wenn Alex' Freunde warten würden,
4. Wenn Alex wüsste, was er tun soll,

a. könnten sie ihm helfen.
b. würde er einfach über die Brücke gehen.
c. wäre er schon auf der Brücke.
d. müsste er nicht warten.

Was würdest du machen?

Würdest du stehenbleiben oder weitergehen?

Projektecke Emotionale Momente

Arbeitet in Gruppen. Sammelt Situationen, die für euch wichtig sind und bei denen es viele Emotionen gibt. Macht eine Liste und stellt diese Situationen dann in der Klasse vor.

1 Welcher Satz passt? Lies die Aussagen und ordne die Sätze zu. > LESEN

Die größten emotionalen Momente in meinem Leben waren die WM-Siege der deutschen Fußball-National-mannschaft. 1954 war ich noch ein kleines Kind, aber trotzdem erinnere ich mich noch gut daran. Ach, wie war das schön! 1974 bei der Weltmeisterschaft im eige-nen Land, war ich ein Student. 1990 habe ich mir Urlaub genommen und bin nach Italien gefahren. **1.** ▢ 2014 in Brasilien, da war ich schon Rentner. Aber die Gefühle sind immer noch so groß wie als kleines Kind.

Bei mir war es schon die Hochzeit. Das war über-wältigend! Aber gleich danach der Fall der Mauer – ich komme ja aus Ostdeutschland. Als die Nach-richt kam, dass die Grenzen geöffnet werden, bin ich sofort nach Berlin gefahren. Und dann bin ich zu Fuß in den Westen gegangen. **2.** ▢ Wie gerne würde ich so etwas noch einmal erleben!

Ich bin erst seit ein paar Tagen Deutscher. Und das war mein emotionalster Moment. **3.** ▢ Ich war so froh! Ich wohne jetzt schon so lange in Dortmund, habe deutsche Freunde, habe die Sprache gelernt und arbeite. Man kann also sagen, dass ich sehr gut integriert bin. Meine deutschen Freunde sagen sogar, dass ich deutscher als sie bin. Und nun habe ich endlich auch den deutschen Pass. Das ist so unglaublich.

a. Ich weiß noch, wie ich geweint habe, und dass wir die ganze Nacht lang mit wildfremden Leuten getanzt haben.
b. Als ich den Pass in den Händen gehalten habe, bin ich ganz sentimental geworden.
c. Das war wirklich der schönste Sommer meines Lebens.

2 Hör ein Interview. Dann beantworte die Fragen. > HÖREN ▶ 31

Paar 1

Paar 2

Paar 3

Wie heißen sie?			
Was ist das Problem?			

3 Lies die Anzeige und schreib eine E-Mail. > SCHREIBEN

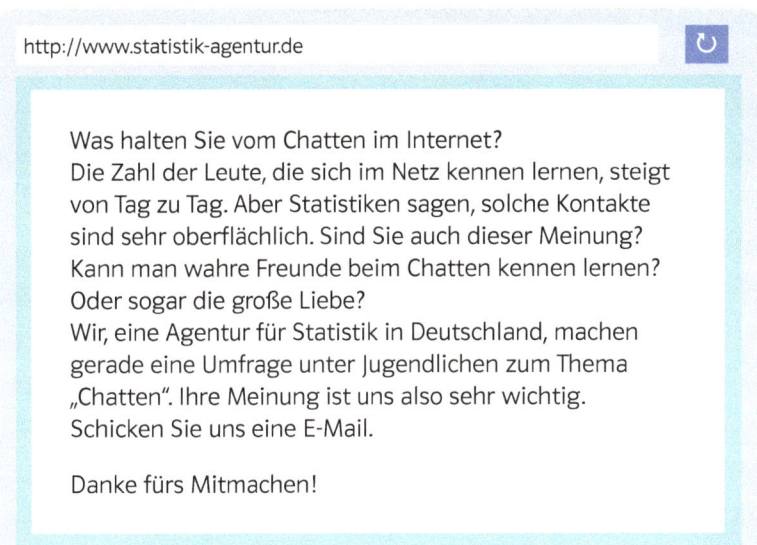

http://www.statistik-agentur.de

Was halten Sie vom Chatten im Internet?
Die Zahl der Leute, die sich im Netz kennen lernen, steigt
von Tag zu Tag. Aber Statistiken sagen, solche Kontakte
sind sehr oberflächlich. Sind Sie auch dieser Meinung?
Kann man wahre Freunde beim Chatten kennen lernen?
Oder sogar die große Liebe?
Wir, eine Agentur für Statistik in Deutschland, machen
gerade eine Umfrage unter Jugendlichen zum Thema
„Chatten". Ihre Meinung ist uns also sehr wichtig.
Schicken Sie uns eine E-Mail.

Danke fürs Mitmachen!

A. Erkläre, warum dich das Thema
interessiert.
B. Nenne Vor- und Nachteile des Chattens.
C. Informiere über deine Erfahrungen.
D. Beschreibe, wie du dir das erste Treffen
nach einer langen Chat-Beziehung
vorstellst.

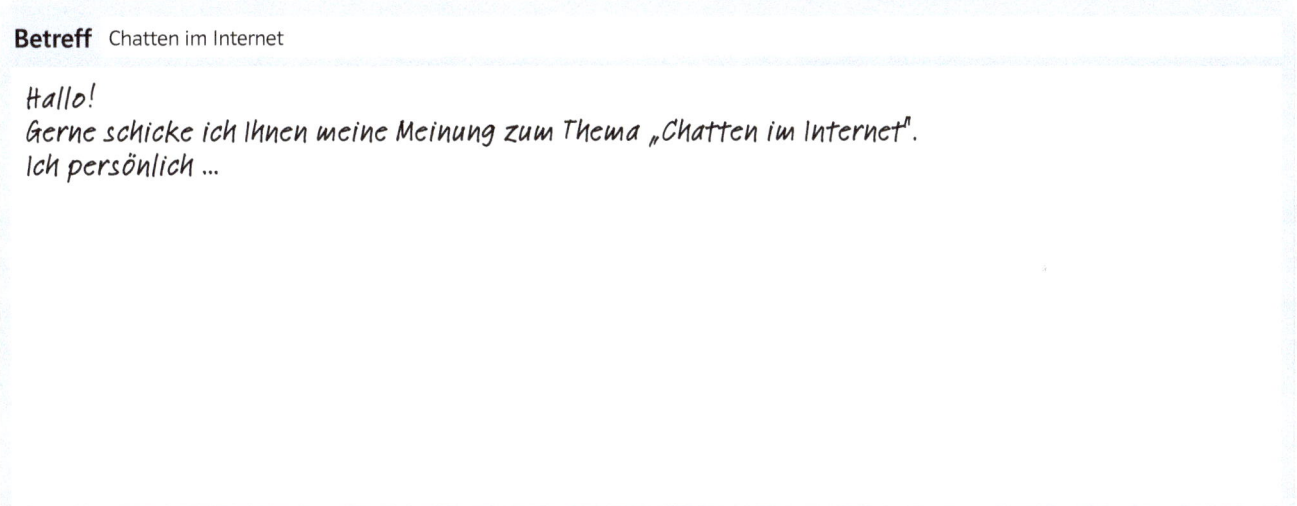

Betreff Chatten im Internet

Hallo!
Gerne schicke ich Ihnen meine Meinung zum Thema „Chatten im Internet".
Ich persönlich ...

4 Unsere Tipps. Sprecht in Gruppen und macht eine Liste. > SPRECHEN

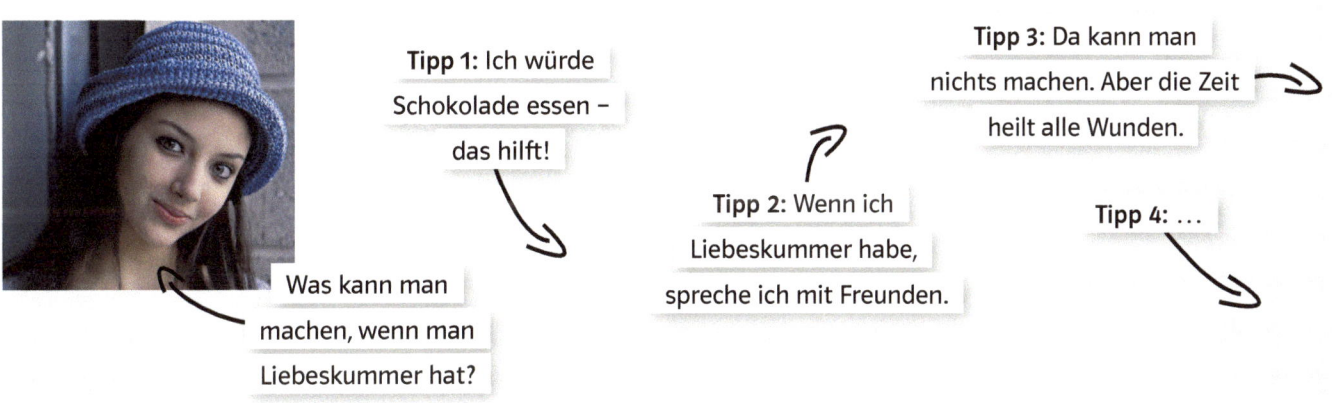

Tipp 1: Ich würde
Schokolade essen –
das hilft!

Tipp 3: Da kann man
nichts machen. Aber die Zeit
heilt alle Wunden.

Was kann man
machen, wenn man
Liebeskummer hat?

Tipp 2: Wenn ich
Liebeskummer habe,
spreche ich mit Freunden.

Tipp 4: ...

VIDEOSTATION 10
FRAU KOCH UND IHRE ARBEIT ALS ...

1 Deine Vermutungen. Sieh dir das Foto an und antworte.

Was siehst du auf dem Foto?

Was ist Frau Koch von Beruf?

2 Sieh dir den Film an und ergänze die Informationen. > FILM 10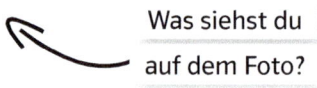

Frau Koch arbeitet als _____ in _____

Herr Koch arbeitet als _____ in _____

3 Sieh dir den Film an und ordne die Adjektive zu. > FILM 10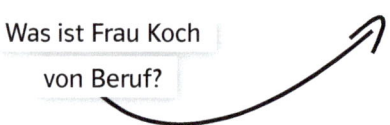

monoton · vielseitig · stressig · nicht aufregend · gut bezahlt · schlecht bezahlt · langweilig · gering geschätzt · anstrengend

Der Beruf von Frau Koch ist ...	Der Beruf von Herrn Koch ist ...

4 Sieh dir den Film noch einmal an und sammle Informationen. > FILM 10

Arbeitsplatz	
Vorteile	
Nachteile	
Lohn	

5 Wer sagt das? Frau Koch oder Herr Koch? Kreuze an.

	Frau Koch	Herr Koch
1. Ich wollte immer anderen Menschen helfen.		
2. Im Vergleich ist mein Beruf ein Kinderspiel.		
3. Ich muss meine Arbeit im Computer dokumentieren.		
4. Man bekommt viel Dankbarkeit.		
5. Das ist der Beruf für mich.		
6. Der Job bedeutet aber harte Arbeit.		
7. Ich habe großen Respekt vor diesem Beruf.		
8. Ich habe viel mehr Freizeit und weniger Verantwortung.		

6 Ein Interview. Was antwortet Frau Koch? Spielt zu zweit.

Frau Koch, was sind Sie von Beruf?

Wo arbeiten Sie?

Warum wollten Sie Krankenschwester werden?

Sind Sie mit Ihrem Beruf zufrieden?

Wie sind Ihre Pflichten?

Müssen Sie auch sonntags arbeiten?

Haben Sie Nachtschichten?

Wie viel verdienen Sie?

A1 Welche Berufe sind das? Beschrifte die Fotos.

1.
2.
3.
4.
5.
6.
7.
8.
9.
10.
11.
12.

2 Ergänze die Tabelle.

er	sie
Verkäufer	
Lehrer	
Profisportler	
Assistent	
	Tierärztin
Schauspieler	
	Tierpflegerin

er	sie
Angestellter	Angestellte
Busfahrer	
	Köchin
Polizist	
	Krankenschwester
	Journalistin
Webdesigner	

3 Wo arbeiten die Menschen? Ordne zu.

1. ___ der Bäcker   **a.** im Zoo

2. ___ der Taxifahrer   **b.** in der Werkstatt

3. ___ der Polizist   **c.** in der Redaktion

4. ___ der Tierarzt   **d.** auf der Polizeistation

5. ___ der Briefträger   **e.** in der Tierarztpraxis

6. ___ der Mechaniker   **f.** im Taxi

7. ___ der Tierpfleger   **g.** bei der Post

8. ___ der Journalist   **h.** in der Bäckerei

4 Was macht ein / eine …? Verbinde und schreib Sätze.

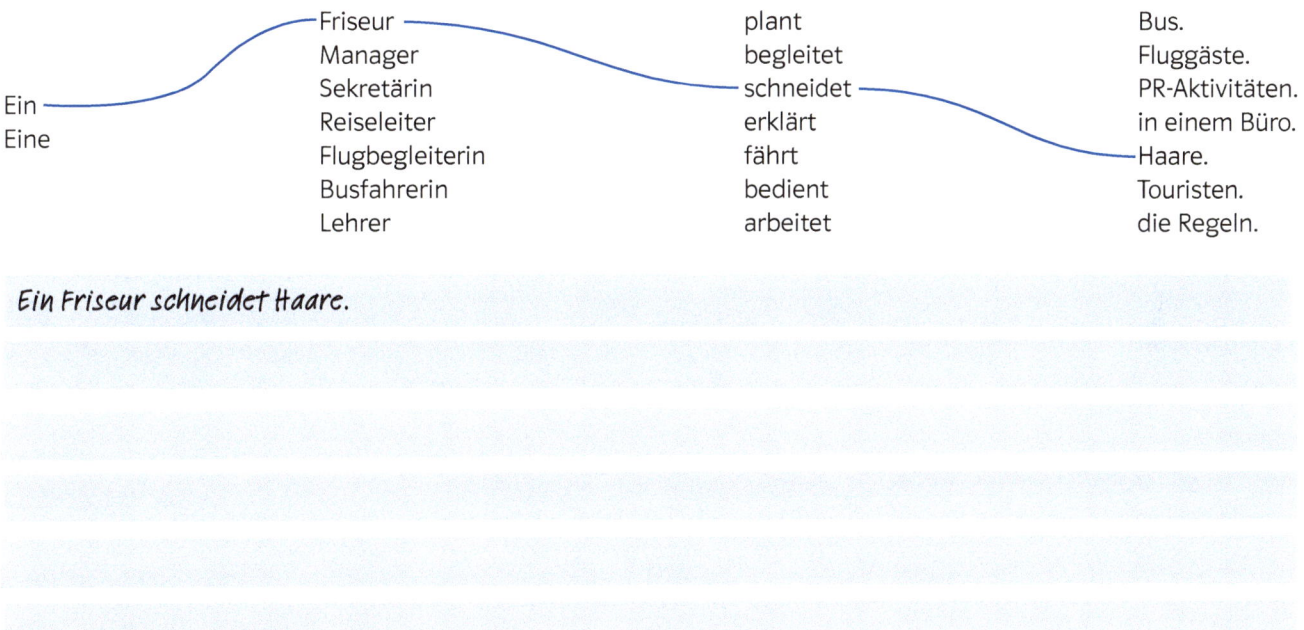

Ein Friseur schneidet Haare.

5 Ergänze die Sätze.

1. Für Fabian ist Karriere wichtig. Deshalb will er _____ werden.

2. Julia mag Tiere. Deshalb will sie _____ werden.

3. Hanna schreibt und liest gern. Deshalb will sie _____ werden.

4. Mesut möchte Diebe verhaften. Deshalb will er _____ werden.

6 Erkläre die Berufe mit einem Relativsatz.

1. ein Koch   *Ein Koch ist ein Mann, der Gerichte zubereitet.*

2. ein Manager

3. eine Reiseleiterin

4. eine Verkäuferin

5. ein Arzt

6. eine Journalistin

7. ein Mechaniker

8. eine Gärtnerin

9. ein Webdesigner

10. ein Straßenmusikant

Kennst du diese Berufe? ⤷

11. ein Softwareentwickler

12. ein Mediengestalter

13. ein Mechatroniker

7 Ergänze die Sätze frei.

1. Ich habe eine Freundin,   *die sehr lieb ist.*

2. Ich habe einen Vater,

3. Ich kenne ein Mädchen,

4. Ich habe einen Deutschlehrer,

5. Unsere Nachbarin hat einen Hund,

6. Ich lese ein Buch,

7. Ich habe viele Freunde,

8. Ich habe eine Schwester,

8 Ergänze die Relativpronomen im Nominativ.

1. Wem gehört das Auto,   vor der Schule steht?

2. Meine Freundin,   in Berlin studiert, heißt Martina.

3. Der Zug,   nach München fährt, hat 10 Minuten Verspätung.

4. Das T-Shirt,   ich heute anhabe, habe ich in einer Boutique gekauft.

5. Hast du den Film gesehen,   im Kino „Capitol" läuft?

6. Unsere Freunde,   in Frankfurt wohnen, kommen morgen zu Besuch.

9 Bilde Sätze.

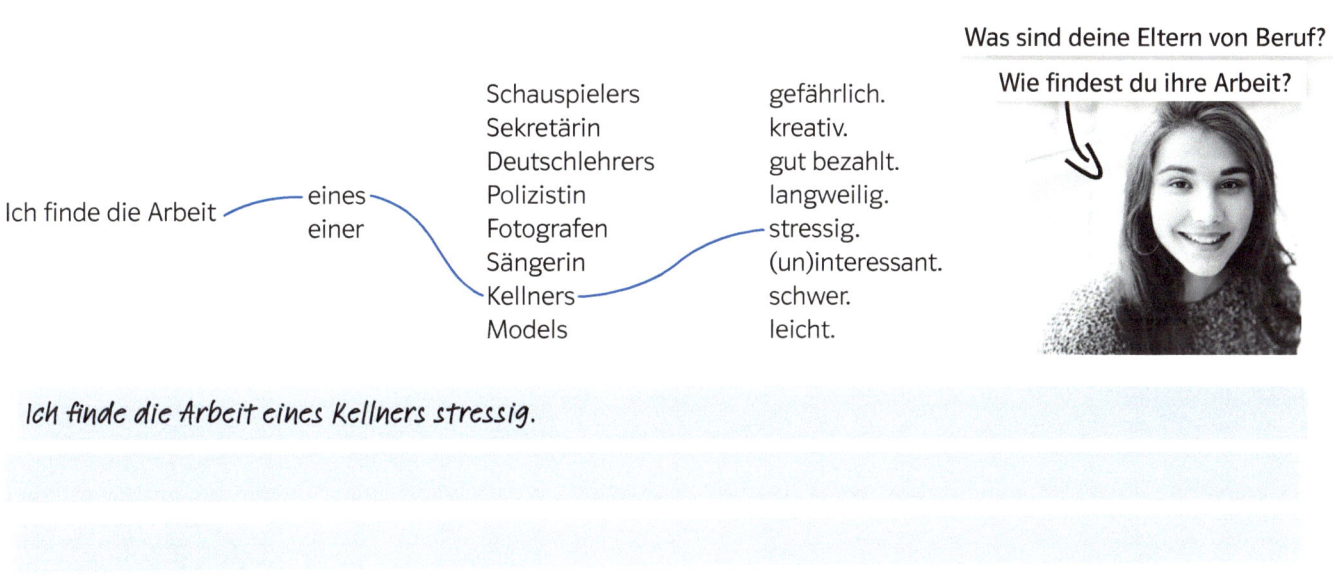

Was sind deine Eltern von Beruf?

Wie findest du ihre Arbeit?

Ich finde die Arbeit — eines / einer —

Schauspielers — gefährlich.
Sekretärin — kreativ.
Deutschlehrers — gut bezahlt.
Polizistin — langweilig.
Fotografen — stressig.
Sängerin — (un)interessant.
Kellners — schwer.
Models — leicht.

Ich finde die Arbeit eines Kellners stressig.

10 Sag es anders.

1. Das Auto **von meinem Vater** ist ein VW.   *Das Auto meines Vaters ist ein VW.*

2. Das Leben **von einem Formel-1-Fahrer** ist spannend.

3. Die Noten **von den Schülern** der Klasse 10A sind sehr gut.

4. Die Fragen **von dem Deutschlehrer** sind schwierig.

5. Ich nehme das Fahrrad **von meinem Bruder** und fahre zu Martina.

6. Herr Schmidt ist der Leiter **von dem Spracheninstitut**.

11 Wessen Sachen sind das? Bilde Sätze.

der Direktor · die Sekretärin · die Nachbarin · der Student · der Polizist · der Präsident · das Mädchen ·
die Reiseleiterin

1. Das ist der Laptop des Studenten.

12 Wessen Tiere sind das? Bilde Sätze.

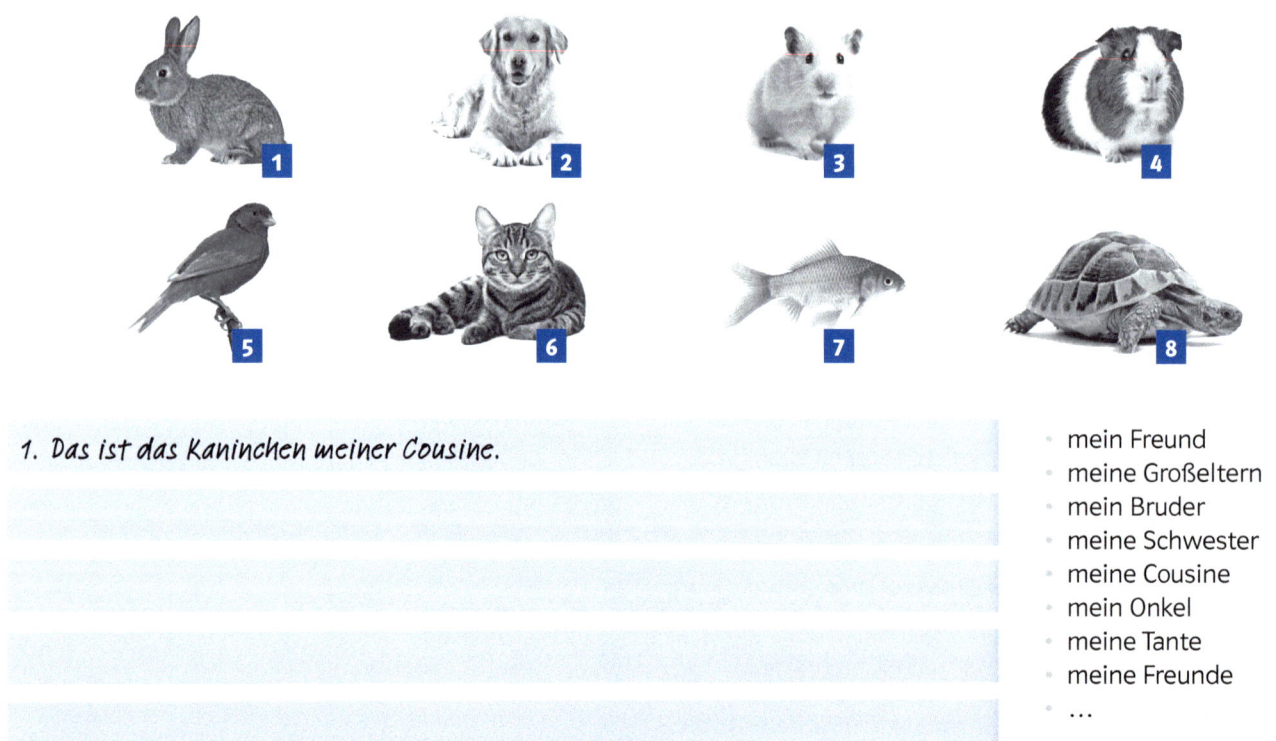

1. Das ist das Kaninchen meiner Cousine.

· mein Freund
· meine Großeltern
· mein Bruder
· meine Schwester
· meine Cousine
· mein Onkel
· meine Tante
· meine Freunde
· ...

13 Familienmitglieder. Beantworte die Fragen.

1. • Wer ist dein Onkel? • *Er ist der Bruder meines Vaters oder meiner Mutter.*

2. • Wer ist dein Cousin? •

3. • Wer ist deine Tante? •

4. • Wer ist dein Opa? •

5. • Wer ist deine Schwester? •

6. • Wer ist deine Uroma? •

7. • Wer ist deine Cousine? •

8. • Wer ist deine Oma? •

B 14 Ergänze die Tabelle.

	werden		
ich	*werde*	wir	
du		ihr	
er, sie, es		sie, Sie	

15 Ergänze das Verb *werden*.

1. Im Jahr 2025 _____ Julian 30 Jahre alt sein.

2. Nach der Schule _____ ich Informatik studieren.

3. Die Meiers _____ dieses Jahr keinen Urlaub machen.

4. Karin gibt morgen eine Party. _____ ihr auch dabei sein?

5. Die Schüler _____ in Zukunft nur mit Software-Programmen lernen.

6. Was _____ du nach dem Abitur machen?

7. Was _____ Sie am Wochenende machen?

8. Glaubst du, dass in Zukunft alle Menschen eine Sprache sprechen _____ ?

Was werdet ihr im Jahr 2030 machen?

16 Vermutungen. Antworte auf die Fragen. Verwende dabei *werden* + Infinitiv.

1. Wo ist mein Deutschbuch? (Schreibtisch)

Es wird vielleicht auf dem Schreibtisch sein.

2. Warum fährt Daniel nicht mit? (krank sein)

Er wird vielleicht

3. Wo ist Martina? (zu Hause)

4. Wo feiert Julia ihren 18. Geburtstag? (bei Freunden in Berlin)

5. Woher kommt die neue Englischlehrerin? (England)

6. Wo sind jetzt die Schüler der Klasse 9C? (Sprachlabor)

7. Warum lernt Julian so fleißig? (morgen, Klassenarbeit schreiben)

8. Warum ist Tina so elegant angezogen? (mit Timo ausgehen)

17 Pläne und Vermutungen. Antworte frei.

1. Was wirst du nach dem Abitur machen?

2. Wohin wird Hanna in Urlaub fahren?

3. Wo wird Martin Jura studieren?

4. Werdet ihr einen Deutschkurs besuchen?

5. Warum verlassen deine Freunde so früh die Party?

6. Wo läuft noch der Film „Die Liebe"?

7. Fährt Jan morgen nach Berlin?

18 Gute Vorsätze. Ergänze frei. Verwende dabei *werden* + Infinitiv.

Von jetzt an

Ab morgen

In Zukunft

19 Bilde Sätze wie im Beispiel.

1. Musikschule besuchen ▶ Musiker werden

  Ich besuche die Musikschule, um Musiker zu werden.

2. nach Deutschland fahren ▶ Deutsch lernen

3. Zeitung lesen ▶ informiert sein

4. nach Rom fahren ▶ das Kolosseum sehen

5. in die Tanzschule gehen ▶ tanzen lernen

6. Lotto spielen ▶ Millionär werden

7. ins Jugendzentrum gehen ▶ Leute treffen

20 *Um ... zu*. Ergänze frei.

1. Ich gehe ins Deutsch-Institut,

2. Ich will Manager werden,

3. Ich brauche ein Wörterbuch,

4. Ich will nach Paris fahren,

5. Ich besuche einen Tanzkurs,

6. Ich bleibe zu Hause,

7. Ich rufe Martha an,

8. Ich lerne fleißig,

21 Antworte und verwende dabei *damit*.

1. Warum schickt dich dein Vater nach Deutschland? ▶ ich, Deutsch lernen

Mein Vater schickt mich nach Deutschland, damit ich Deutsch lerne.

2. Warum erklärt der Lehrer die Regeln? ▶ Schüler, die Übung machen können

3. Warum gibt dir Timo sein Mofa? ▶ ich, nicht zu spät zur Schule kommen

4. Warum fährt Familie Müller an die Adria? ▶ Kinder, Spaß haben

5. Warum gibt dir deine Mutter Geld? ▶ ich, einkaufen gehen

6. Warum schenkt dir dein Vater dieses Buch? ▶ ich, es lesen

7. Warum weckt euch die Mutter so früh? ▶ wir, sich nicht zur Schule verspäten

22 *Um ... zu* oder *damit*? Verbinde die Sätze.

1. Ich gebe dir mein Handy. Du sollst deine Mutter anrufen.

2. Der Vater gibt seinem Sohn Geld. Sein Sohn soll die Monatskarte kaufen.

3. Timo geht ins Jugendzentrum. Er will dort seine Freunde treffen.

4. Meine Oma nimmt abends eine Schlaftablette. Sie will sofort einschlafen.

5. Der Deutschlehrer fährt mit seinen Schülern nach Deutschland. Die Schüler sollen Deutsch lernen.

C 23 Pläne. Drei Jugendliche erzählen. Hör zu und antworte. > HÖREN ▶ 1

Wer sagt das? Tobias, Sonja oder Lara?

1. Ich werde in den USA studieren, denn ich liebe Amerika.

2. Ich werde für ein Jahr nach England gehen.

3. Ich werde zunächst eine große Reise machen.

4. Ich werde jobben, um meinen Auslandsaufenthalt zu bezahlen.

5. Wenn es in den USA nicht klappt, werde ich in England studieren.

6. Wir werden nach Griechenland oder nach Spanien fahren.

Was werden die drei Jugendlichen in Zukunft machen?

Tobias sagt, dass

Sonja sagt, dass

Lara sagt, dass

24 Schreib eine E-Mail.

Du bist an dem FSJ interessiert und meldest dich. Schreib ein paar Sätze zu allen Punkten.

A. Stell dich vor.
B. Erkläre, warum du schreibst.
C. Schreib, was du machen möchtest.
D. Beschreibe deine Erfahrungen im sozialen Bereich.
E. Formuliere deine Erwartungen.

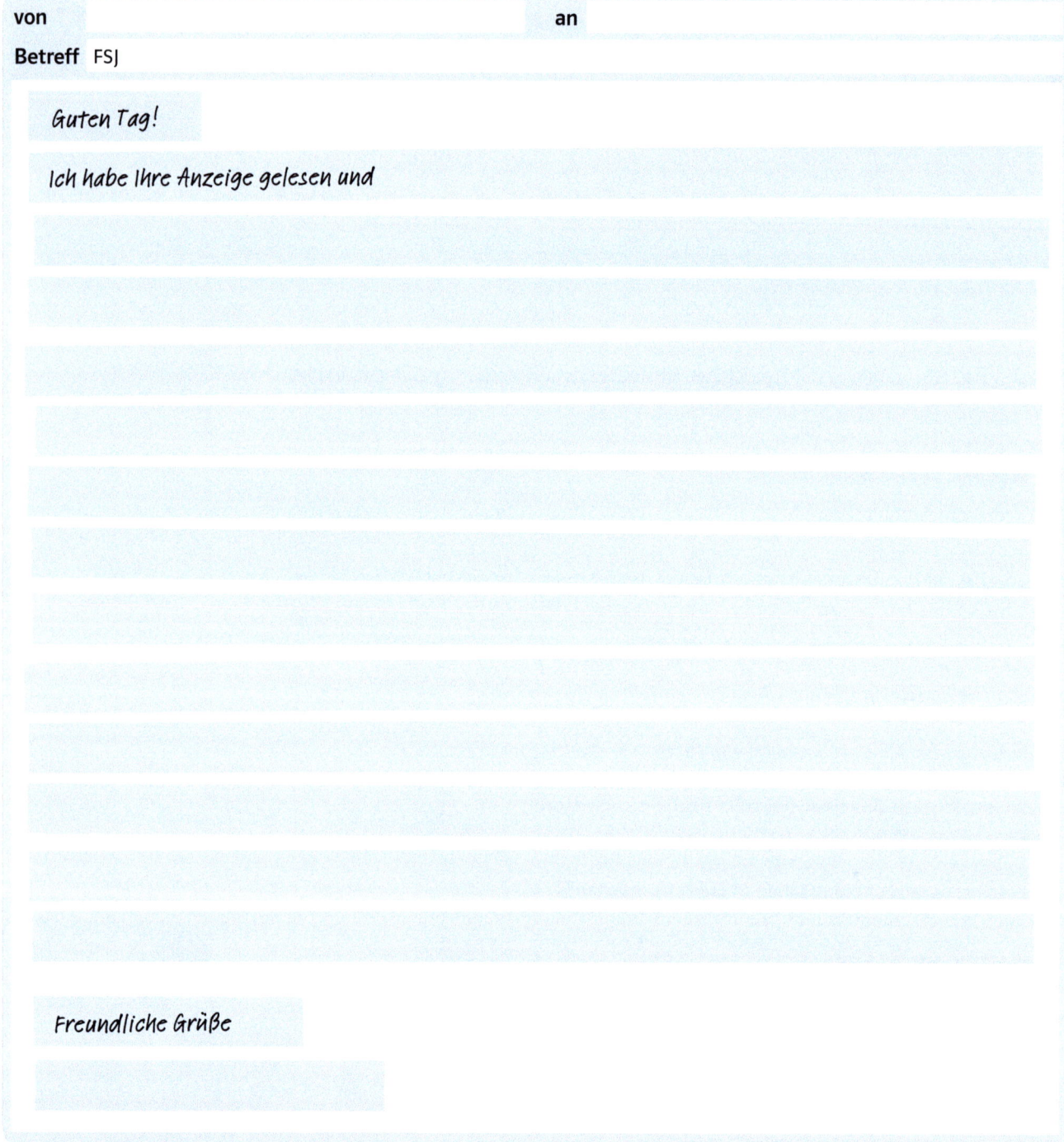

von		an
Betreff FSJ		

Guten Tag!

Ich habe Ihre Anzeige gelesen und

Freundliche Grüße

Wörtertraining

1 Was wirst du in Zukunft machen? Beantworte die Frage.

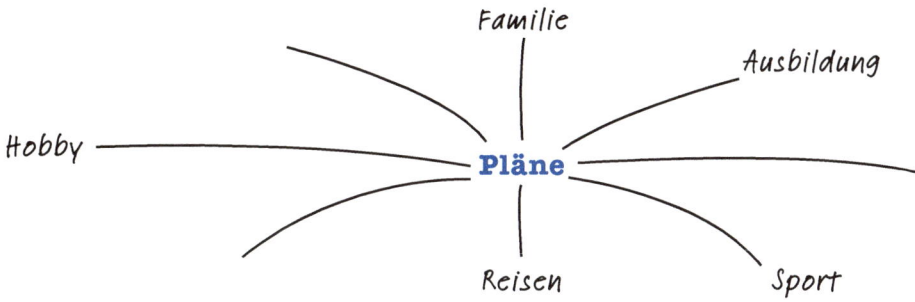

Familie

Ausbildung

Hobby ——————— **Pläne**

Reisen

Sport

2 Wozu brauchst du diese Gegenstände?

ein neues Fahrrad   *Ich brauche ein neues Fahrrad, um*

eine gute Uhr

ein schneller Computer

eine modische Sonnenbrille

ein bequemes Sofa

3 Auf welche Fragen antwortet Erik?

1. Ich werde Medizin studieren.

2. Um jeden Tag Englisch zu sprechen.

3. Ich will Arzt werden.

Frage 1:

Frage 2:

Frage 3:

Frage 4:

Frage 5:

5. Ja, er wird dieses Jahr einen Sprachkurs besuchen.

4. Ich möchte anderen Menschen helfen.

A 1 Welches Verb passt? Ordne zu. Dann schreib die Sätze im Präteritum.

1. *c* Musikunterricht   **a.** bekommen   *Mozart erhielt Musikunterricht von seinem Vater.*

2.   ein Konzert   **b.** schreiben

3.   eine Tournee   **c.** erhalten

4.   eine Sinfonie   **d.** reisen

5.   einen Auftrag   **e.** machen

6.   zur Welt   **f.** geben

7.   von Salzburg nach Wien   **g.** kommen

8.   nach Italien   **h.** ziehen

2 Wie lautet der Infinitiv? Ergänze die Tabelle.

Präteritum	Infinitiv
kam	*kommen*
erhielt	
begann	
komponierte	
bekam	
blieb	
starb	
reiste	
wurde	
wohnte	
arbeitete	

Präteritum	Infinitiv
gab	
spielte	
schrieb	
machte	
zog	*ziehen*
heiratete	
lebte	
gab	
passierte	
hieß	
bot	

3 Ergänze die Tabelle.

	reisen	machen	arbeiten
ich	reiste		
du		machtest	
er, sie, es			arbeitete
wir	reisten		
ihr		machtet	
sie, Sie			arbeiteten

	schreiben	geben	werden
ich	schrieb		
du		gabst	
er, sie, es			wurde
wir	schrieben		
ihr		gabt	
sie, Sie			wurden

Ich reiste nach Italien und spielte vor dem Papst.

Mit 6 Jahren gab ich mein erstes Konzert.

4 Ergänze die Sätze frei. Verwende die Verben im Präteritum.

1. Als ich 5 war, (wohnen)

2. Als ich 6 war, (beginnen)

3. Als ich 8 war, (kennen lernen)

4. Als ich 9 war, (fahren)

5. Als ich 10 war, (reisen)

6. Als ich 12 war, (sprechen)

7. Als ich 14 war, (lesen)

8. Als ich 16 war, (sich verlieben)

Was hat dein Vater gemacht, als er 6 war?

Was hat dein Opa gemacht, als er 6 war?

5 Schreib die Sätze wie im Beispiel.

Jetzt esse ich gern Spinat.
Aber als ich klein war, …

Jetzt trainiere ich intensiv.
Aber als ich klein war, …

1. Jetzt hat Timo viele Freunde.

Aber als er klein war,

2. Jetzt wohnt Timo in Italien.

Aber als er klein war,

3. Jetzt spricht Timo perfekt Italienisch.

Aber als er klein war,

4. Jetzt fährt Timo nicht mehr so oft nach München.

Aber als er klein war,

5. Jetzt hört Timo gern klassische Musik.

Aber als er klein war,

6. Jetzt geht Timo gerne zu Fuß.

Aber als er klein war,

6 Lies die Texte. Ergänze sie mit den Verben im Präteritum.

studieren · sein · besuchen

Johann Wolfgang von Goethe (1749–1832) ist der bekannteste deutsche Dichter. Er   zunächst

Jura in Leipzig und in Straßburg. Im Jahr 1776 zog er nach Weimar. Dort blieb er bis zu seinem Tod. Ein zen-

trales Ereignis seines Lebens   die Reise nach Italien. Dort verbrachte er fast zwei Jahre. Er

               Rom, Neapel und Sizilien. Kurz vor seinem Tod vollendete er sein größtes Werk, den *Faust*.

arbeiten · erhalten · emigrieren

Lise Meitner (1878–1968) studierte Mathematik, Physik und Philosophie in Wien. 1912 bekam sie als erste

Frau eine Stelle an der Universität in Berlin. Im ersten Weltkrieg _____ sie als Röntgenschwester.

1926 wurde sie Professorin für Atomphysik in Berlin. 1938 _____ sie nach Schweden. Sie

_____ viele Preise. 1946 wurde sie in Amerika zur „Frau des Jahres" gewählt. 1960 zog sie nach

Cambridge (England), wo sie bis zu ihrem Tod lebte.

ziehen · leben · besuchen

Jacob (1785–1863) und **Wilhelm Grimm** (1786–1859), die berühmtesten Märchensammler

Deutschlands, _____ als Kinder in Steinau und _____ das Gymnasium in Kassel.

Ab 1829 bzw. 1839 waren sie Professoren in Kassel, dann _____ sie nach Berlin. 1812–1815

gaben sie die _Kinder- und Hausmärchen_ (darunter _Schneewittchen, Rotkäppchen, Aschenputtel_) heraus.

komponieren · beginnen · schreiben

Ludwig van Beethoven (1770–1827), einer der bedeutendsten deutschen Komponisten, wurde in Bonn geboren. Er

_____ seine Karriere als Pianist. Ab 1818 war er völlig taub. Trotzdem _____ er weiter. Er schuf

neun Sinfonien, viele Quartette, Klavierkonzerte und Sonaten. Er _____ aber nur eine Oper, _Fidelio_.

haben · werden · drehen

Romy Schneider (1938–1982) _____ schon mit 17 Jahren in der Rolle der österreichischen Kaiserin

Elisabeth in den „Sissi"-Filmen weltberühmt. Später _____ sie in Frankreich viele Filme und verlobte

sich mit dem französischen Schauspieler Alain Delon. Doch die Verlobung ging auseinander. 1965 kehrte sie nach

Deutschland zurück. Romy Schneider _____ zwei Kinder, David und Sarah. 1982 starb sie an Herzversagen.

7 Wer ist das? Lies die Texte noch einmal und schreib die Namen.

1. Er / Sie emigrierte nach Schweden.

2. Er / Sie komponierte neun Sinfonien.

3. Er / Sie reiste nach Italien.

4. Er / Sie drehte viele Filme.

5. Er / Sie spielte Klavier.

6. Er / Sie wohnte lange in Weimar.

7. Sie waren Professoren in Kassel.

8. Mit 38 wurde er / sie taub.

9. Er / Sie lebte in Deutschland und Frankreich.

10. Er / Sie studierte Jura.

11. Sie gaben die *Kinder- und Hausmärchen* heraus.

8 Setze die Verben im Präteritum ein.

studierte · zog · heirateten · besuchte · verliebte · wurde · kam · lernte … kennen · verbrachten · machte · war · arbeiteten

Ich _____ im Jahr 1961 in Freiburg geboren.

Ich _____ das Einstein-Gymnasium.

Im Jahr 1980 _____ ich das Abitur.

Dann _____ ich nach Mainz.

Dort _____ ich Germanistik.

Im Jahr 1983 _____ ich Birgit

Sie _____ Germanistikstudentin.

Ich _____ mich sofort in sie. Wir _____ viel Zeit zusammen.

Im Jahr 1986 _____ wir und _____ auch zusammen als Lehrer an einer Privatschule.

Drei Jahre später _____ unsere Tochter Susanne zur Welt.

9 Zur Kontrolle. Hör zu und lies mit. > HÖREN ▶ 2

B 10 Ergänze die Verben im Präteritum.

1. Sissi _____ in einem Schloss am Starnberger See. (wohnen)

2. Sissi _____ ihre Kindheit in Bayern. (verbringen)

3. Franz _____ von einer schönen Prinzessin. (träumen)

4. Sissi und Franz _____ sich zum ersten Mal in Bad Ischl. (treffen)

5. Sissi und Franz _____ sich auf den ersten Blick. (verlieben)

6. Sissi und Franz _____ ein Jahr später in Wien. (heiraten)

7. Am Hof _____ es zu Streitereien zwischen Sissi und Franz' Mutter. (kommen)

8. Sissi _____ endlich einen Kronprinzen zur Welt. (bringen)

9. Sissi _____ viel Sport und _____ strenge Diät. (treiben, halten)

10. Sissi _____ in Genf spazieren. (gehen)

11. Ein Anarchist _____ Sissi in Genf. (töten)

11 Eine interessante Person aus meiner Familie. Sammle Informationen, fülle die Tabelle aus und erzähle.

Vorname, Name	
Wann und wo geboren?	
Beruf	
Ausbildung	
Familie	
Wichtige Ereignisse im Leben	
Wann und wo gestorben?	

Mein Großvater wurde in … geboren.

12 Lies die Geschichte und ergänze sie mit den Verben im Präteritum.
Dann finde die richtige Reihenfolge der Sätze.

Sie _____ (setzen) sich in ein Café und _____ (beginnen) zu sprechen.

Sie _____ (erzählen) von ihrer Familie und ihrer Arbeit.

Frau Bauer _____ (einsteigen) in den Bus Nr. 7

und _____ (fahren) nach Hause.

Frau Bauer _____ (gehen) in der Stadt spazieren, als sie Frau Fischer _____ (treffen).

Frau Fischer _____ (müssen) noch in den Supermarkt gehen und einkaufen.

Als der Kellner _____ (kommen),

_____ (bestellen) sie zwei Tassen Kaffee.

Sie _____ (bleiben) eine Stunde sitzen.

Dann _____ (verabschieden) sie sich.

Sie _____ (begrüßen) sich herzlich und

dann _____ (gehen) sie etwas trinken.

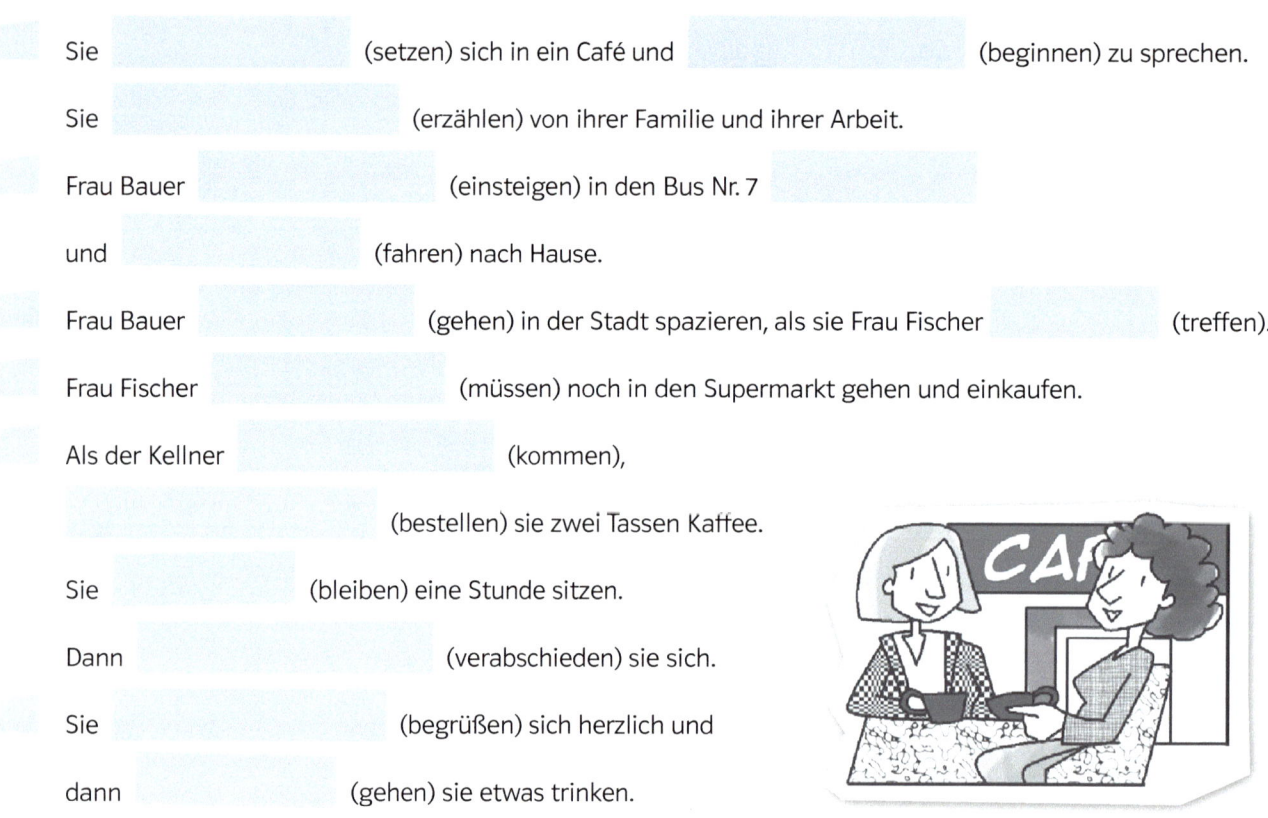

13 Zur Kontrolle. Hör zu und lies mit. > HÖREN ▶ 3

14 Als ich 10 war ... Schreib die Sätze zu Ende.

Als ich 10 war,

musste ich _____

durfte ich nicht _____

konnte ich schon _____

konnte ich noch nicht _____

wollte ich _____

wollte ich nicht _____

15 Antworte frei.

1. Wann hattest du Angst?

Immer wenn ich *allein war, hatte ich Angst.*

2. Wann warst du zufrieden?

Immer wenn ich

3. Wann bekamst du Hausarrest?

Immer wenn ich

4. Wann hattest du Bauchschmerzen?

Immer wenn ich

5. Wann fühltest du dich voller Energie?

Immer wenn ich

6. Wann ärgerte sich dein Vater?

Immer wenn ich

7. Wann hattest du Streit mit deinen Freunden?

Immer wenn ich

16 *Als* oder *wenn*? Ergänze.

1. _____ ich letzten Sommer in Berlin war, lernte ich Thomas kennen.

2. _____ ich nach Paris fuhr, kaufte ich immer Parfüm für meine Tante.

3. _____ ich gestern zu Hause war, besuchte mich Klaus.

4. Was machte der Opa, _____ er noch klein war?

5. _____ ich Geburtstag hatte, ging ich immer mit meiner Familie ins Restaurant.

6. _____ ich 16 wurde, gab ich eine große Geburtstagsparty.

7. Wie alt warst du, _____ du zum ersten Mal nach Deutschland fuhrst?

8. _____ ich nach Berlin fuhr, machte ich immer einen Bummel auf dem Ku'damm.

9. Wohin fuhr Onkel Franz immer, _____ er Urlaub machte?

17 *Als* oder *wenn*? Ergänze wie im Beispiel.

1. Peter traf immer Annette, _wenn er zur Schule ging._ (zur Schule gehen)

   Aber eines Tages, _als er zur Schule ging_ , traf er Martina.

2. Peter bekam immer gute Noten, (Klassenarbeit schreiben)

   Aber eines Tages, , bekam er eine schlechte Note.

3. Peter ging immer spazieren, (das Wetter, schön sein)

   Aber gestern, , blieb er zu Hause.

4. Peter aß immer Fleisch, (in Italien, sein)

   Aber letztes Jahr, , aß er nur Spaghetti.

5. Peter hörte immer Musik, (Hausaufgaben machen)

   Aber eines Tages, , ging der MP3-Player kaputt.

6. Peter sprach immer mit Tina, (von der Schule zurückkommen)

   Aber eines Tages, , sprach er nicht mehr mit ihr.

7. Peter schlief immer ein, (der Lehrer, etwas erklären)

   Aber eines Tages, , fand Peter alles sehr interessant.

18 Erfinde eine Geschichte im Präteritum.

überrascht sein · zusammen lernen · an der Tür klingeln · von der Arbeit
zurückkommen · fernsehen · meinen Freund Timo sehen · Hunger haben ·
nach Hause zurückgehen · zur Tür gehen · aufmachen · Apfelkuchen essen ·
fertig sein · sich an den Schreibtisch setzen

Als …
Sofort …
Plötzlich …
Dann …
Um …
Um … Uhr …

Gestern Nachmittag war ich allein zu Hause. Als ich die Hausaufgaben machte, klingelte es an der Tür.

C 19 Schreib Sätze im Präteritum.

1. als / passieren / der Unfall / sein / ich / im Büro

2. als / klein / sein / ich / ich / immer / wollen / spielen

3. ich / zurückkommen / von der Schule / immer wenn / treffen / Karin / ich

4. haben / immer wenn / ich / Geburtstag / geben / ich / eine Party

5. drei Monate / als / Mario / sein / in Deutschland / er / nur Deutsch / sprechen

6. als / auf dem Mond / der erste Mensch / landen / sein / 10 Jahre alt / mein Onkel

20 Schreib Sätze wie im Beispiel.

1. Zuerst lese ich Zeitung, dann fange ich an zu arbeiten.

   Nachdem ich Zeitung gelesen habe, fange ich an zu arbeiten.

2. Zuerst lerne ich Französisch, dann fahre ich nach Frankreich.

   Nachdem ich

3. Zuerst ruft Timo Tina an, dann lädt er sie ins Kino ein.

   Nachdem Timo

4. Zuerst kaufe ich ein Fahrrad, dann mache ich eine Fahrradtour.

   Nachdem ich

5. Zuerst mache ich den Führerschein, dann schenkt mein Vater mir das Auto.

   Nachdem ich

21 Schreib die Geschichte im Präteritum.

Ich stehe auf, frühstücke und laufe zur Haltestelle. Nach fünf Minuten kommt der Bus und ich steige ein. Ich setze mich, nehme mein Buch aus der Schultasche und lerne. Vor der Schule treffe ich meinen Freund Timo. Wir sprechen über die Klassenarbeit und gehen langsam in die Klasse. ...

Wie geht die Geschichte weiter?

Mein Wortschatz

22 Präsentiere deine Geschichte vor der Klasse.

Wörtertraining

1 Was passt zusammen? Ordne zu.

sich auf den ersten Blick

auf die Figur   eine Tournee

Konzerte

im Jahr 1837   1756 zur Welt

Sinfonien   in einem Schloss

geben

geboren werden

wohnen

schreiben

machen   kommen   achten

verlieben

2 Was passt zu wem? Ordne zu.

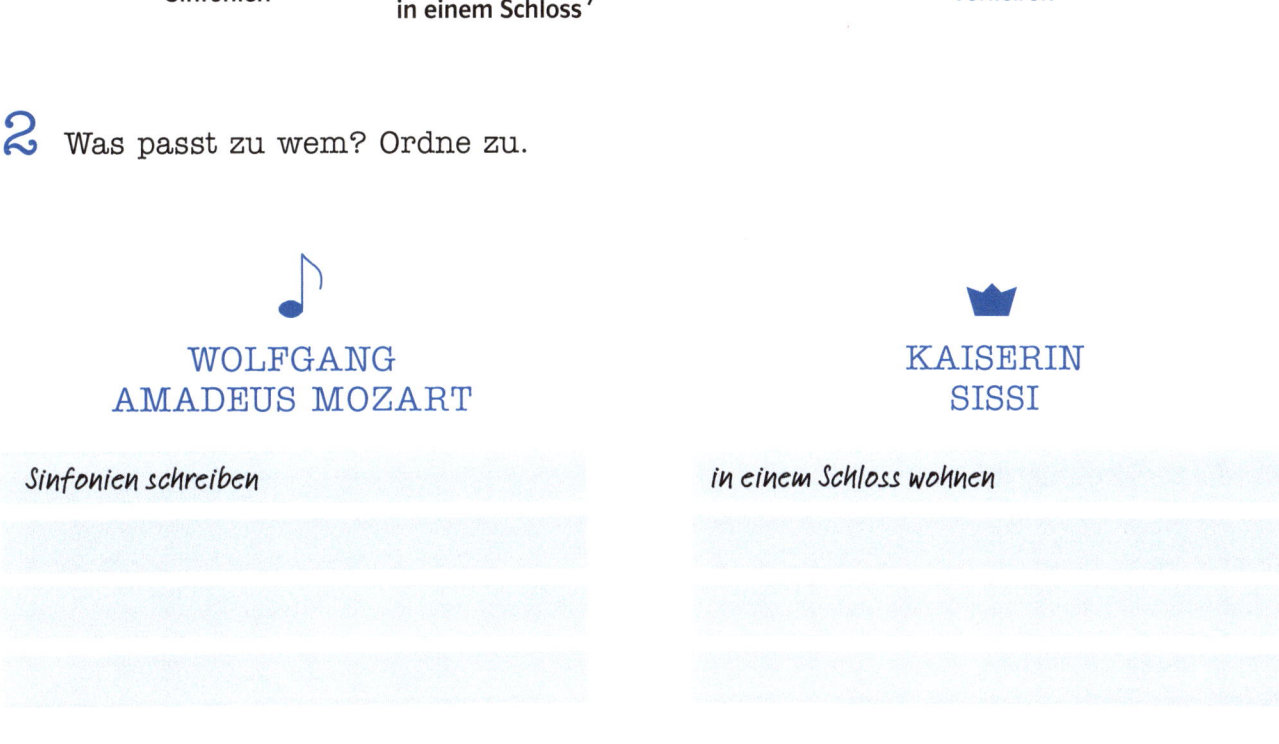

WOLFGANG
AMADEUS MOZART

KAISERIN
SISSI

Sinfonien schreiben

in einem Schloss wohnen

3 Beantworte die Frage.

Welche Spezialitäten aus
Österreich kennst du?

A 1 Wie lautet das Gegenteil? Was bedeuten die Adjektive in deiner Muttersprache?

1.	konventionell	**a.** fantasielos
2.	extrovertiert	**b.** gründlich
3.	dynamisch	**c.** unkonventionell
4.	ordentlich	**d.** autoritär
5.	kreativ	**e.** introvertiert
6.	tolerant	**f.** faul
7.	oberflächlich	**g.** chaotisch

2 Antworte wie im Beispiel.

1. ● Ist Tobias alternativ? ○ Ja, *er ist ein alternativer* Typ.
2. ● Ist Markus zielstrebig? ○ Ja, Mann.
3. ● Ist Sven aggressiv? ○ Ja, Junge.
4. ● Ist Sarah gut aussehend? ○ Ja, Mädchen.
5. ● Ist Tante Emma sensibel? ○ Ja, Frau.
6. ● Ist Martha introvertiert? ○ Ja, Mädchen.
7. ● Ist Frau Beck tolerant? ○ Ja, Person.
8. ● Sind deine Freunde nett? ○ Ja, Leute.

3 Beantworte die Frage.

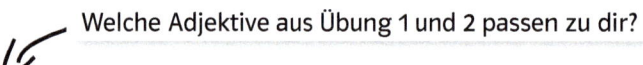

Welche Adjektive aus Übung 1 und 2 passen zu dir?

4 Was für Typen sind deine Verwandten?

1. Was für ein Typ ist dein Vater?

2. Was für eine Person ist deine Mutter?

3. Was für ein Junge ist dein Bruder?

4. Was für ein Mädchen ist deine Schwester?

5. Was für eine Frau ist deine Tante?

6. Was für ein Mann ist dein Onkel?

7. Was für Menschen sind deine Eltern?

8. Was für Typen sind deine Cousinen?

5 Bilde Sätze und präsentiere sie in der Klasse.

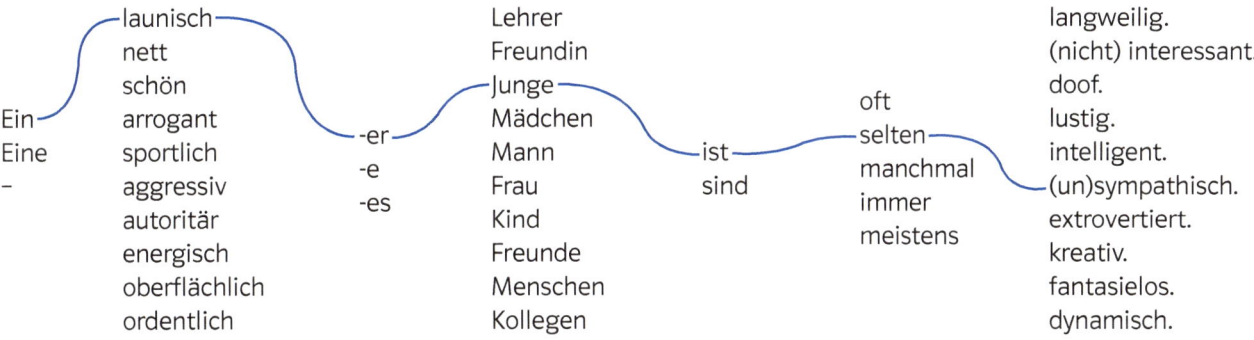

Ein launischer Junge ist selten sympathisch.

6 Bilde Sätze.

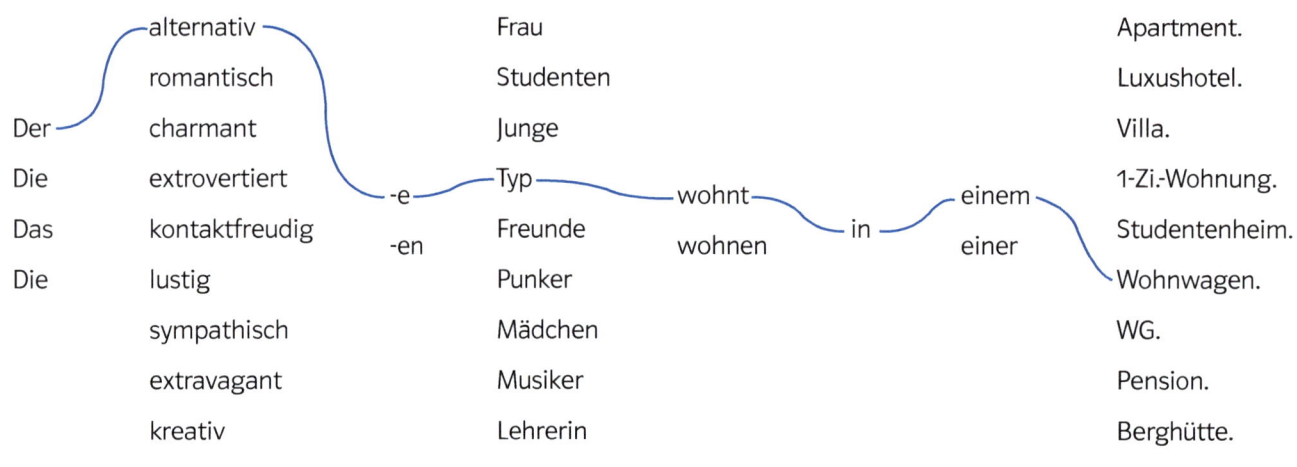

	alternativ	Frau				Apartment.
	romantisch	Studenten				Luxushotel.
Der	charmant	Junge				Villa.
Die	extrovertiert	-e Typ	wohnt	in	einem	1-Zi.-Wohnung.
Das	kontaktfreudig	Freunde	wohnen		einer	Studentenheim.
Die	lustig	-en Punker				Wohnwagen.
	sympathisch	Mädchen				WG.
	extravagant	Musiker				Pension.
	kreativ	Lehrerin				Berghütte.

Der alternative Typ wohnt in einem Wohnwagen.

Wo wohnen die verschiedenen Typen?

7 Forme um.

1. Der Film ist interessant. ▸ *der interessante Film*

2. Die Jacke ist modisch. ▸

3. Das Hotel ist teuer. ▸

4. Die Reise ist lang. ▸

5. Die Übungen sind schwierig. ▸

6. Der Sessel ist bequem. ▸

7. Die Artikel sind langweilig. ▸

8. Das Wetter ist schön. ▸

8 Ergänze die Endungen.

1. der neu___ Mitschüler ▶ ein neu___ Mitschüler

2. d___ schö___ Park ▶ ein schön___ Park

3. d___ lustig___ Freundin ▶ eine lustig___ Freundin

4. d___ groß___ Haus ▶ ein groß___ Haus

5. d___ alt___ Schule ▶ eine alt___ Schule

6. d___ gemütlich___ Zimmer ▶ ein gemütlich___ Zimmer

7. d___ blond___ Mädchen ▶ ein blond___ Mädchen

8. d___ sportlich___ Junge ▶ ein sportlich___ Junge

B 9 Was gehört wohin? Ordne zu. Es gibt mehrere Möglichkeiten.

der Anzug · das Kostüm · das Polohemd · die Tennisschuhe · das Abendkleid · der Bikini ·
der Rock · das Hemd · das Sweatshirt · der Badeanzug · der Pyjama · die Hüfthose ·
der Trainingsanzug · der Anorak · das Nachthemd · die Bluse · die Badehose · der Pullover

Damenbekleidung	
Herrenbekleidung	
Sportbekleidung	
Bademode	
Nachtwäsche	

10 Forme um.

1. das weiße T-Shirt

Mir gefällt dein weißes T-Shirt.

2. das elegante Kleid

3. der gestreifte Pullover

4. die sportliche Hose

5. die bequemen Schuhe

6. die roten Socken

7. die extravagante Mütze

11 Bilde Sätze und beantworte die Fragen.

Was trägst du gern?

Was trägst du nicht gern?

| Ich | trage | einen
eine
ein
– | schwarzen
eleganten
schickes
zerrissenes
sportlichen
modische
bequemen
extravaganten
weiße | Bluse.
T-Shirt.
Pullover.
Stiefel.
Minirock.
Mantel.
Hüfthose.
Top.
Freizeitschuhe. |

12 Was ziehst du an? Beantworte die Fragen.

Was ziehst du an,

wenn du in die Schule gehst?

Wenn ich in die Schule gehe, ziehe ich am liebsten

wenn du zur Tante gehst?

wenn du auf eine Party gehst?

wenn du ins Fitnesszentrum gehst?

wenn du am Strand bist?

13 Bilde Sätze und antworte.

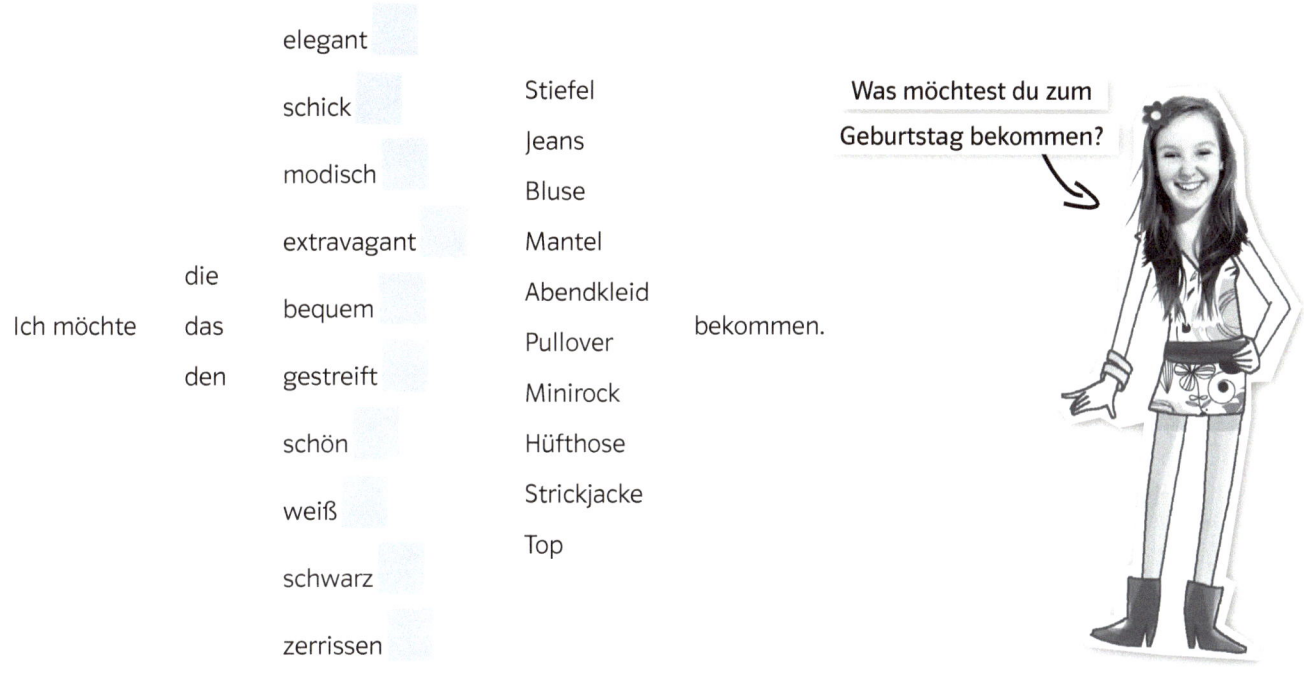

elegant

schick   Stiefel

modisch   Jeans

extravagant   Bluse

    die   Mantel

bequem   Abendkleid

Ich möchte das   Pullover   bekommen.

    den   gestreift   Minirock

schön   Hüfthose

weiß   Strickjacke

schwarz   Top

zerrissen

Was möchtest du zum Geburtstag bekommen?

14 Lies den Dialog und ergänze ihn.

Die neue Lehrerin ist ein bisschen altmodisch …

● Ich denke, der gelb   Pu   steht ihr überhaupt nicht.

  Ja, du hast Recht, und d   kariert   Ro   ist wirklich hässlich!

● Und hast du d   rosarot   Bl   gesehen? Unmöglich!

  Und schau mal d   altmodisch   Sch   !

● Ich finde, sie sollte lieber eng   Je   ,

sportlich   Schu   und ein

bunt   T-   anziehen.

Meinst du nicht?

  Ja, doch!

15 Zur Kontrolle. Hör zu und lies mit. > HÖREN ▶ 4

16 Was kosten die Kleidungsstücke? Hör zu und ergänze. > HÖREN ▶ 5

1. D_____ gewagt_____ Minirock kostet _____ Euro.

2. D_____ sportlich_____ Jacke kostet _____ Euro.

3. D_____ modisch_____ Stiefel kosten _____ Euro.

4. D_____ schick_____ Top kostet _____ Euro.

5. D_____ weiß_____ Hemd kostet _____ Euro.

6. D_____ schwarz_____ Anzug kostet _____ Euro.

7. D_____ elegant_____ Abendkleid kostet _____ Euro.

8. D_____ abgetragen_____ Jeans kosten _____ Euro.

17 Ergänze die Endungen, wo es nötig ist.

1. Was kostet ein_____ elegant_____ Anzug?

2. Heute ziehe ich ein_____ dunkl_____ Pullover an.

3. Bequem_____ Freizeitschuhe finde ich am praktischsten.

4. Ein_____ sportlich_____ Lederjacke finde ich ideal für dich.

5. Schwarz_____ Schuhe passen gut zu dem Abendkleid.

6. Abgetragen_____ Jeans und ein_____ zerrissen_____ T-Shirt: Das sind meine Lieblingsklamotten.

7. Du brauchst ein_____ weiß_____ Hemd, ein_____ extravagant_____ Krawatte und ein_____ schick_____ Anzug.

8. Wenn ich joggen gehe, trage ich immer ein_____ rot_____ Trainingsanzug und praktisch_____ Sportschuhe.

Was ziehst du morgen an?

Was für Kleidungsstücke findest du ideal für dich?

Was für Kleidungsstücke brauchst du?

18 Lies die Dialoge und ergänze die Endungen.

1. • Was trägst du gern?

   ○ Ich trage gern bequem____ Freizeitschuhe.

2. • Was hast du heute an?

   ○ Heute habe ich ein____ blau____ Pullover, ein____ schwarz____ Hose und weiß____ Schuhe an.

3. • Was möchtest du kaufen?

   ○ Ich möchte ein____ elegant____ Anzug kaufen. Und du?

   • Ich brauche ein____ schick____ Abendkleid.

4. • Gefällt dir d____ gestreift____ Rock? Das ist d____ gestreift____ Rock von meiner Mutter.

   ○ Er ist super! Und steht dir gut.

5. • Was gefällt dir besser? D____ kariert____ oder d____ gestreift____ Jacke?

   ○ Keine, ich mag ungemustert____ Sachen.

19 *Welch-...? Was für ein ...?* Schreib die richtigen Fragen.

1. • Welches Mädchen möchtest du kennen lernen?   ○ Das hübsche Mädchen da.

2. • Was für einen Charakter hat Tina?   ○ Sie hat einen starken Charakter.

3. • _____ ○ Die junge Lehrerin der Klasse 9C.

4. • _____ ○ Die netten Jungen aus der Parallelklasse.

5. • _____ ○ Sie hat lange Haare.

6. • _____ ○ Der alternative Student.

7. • _____ ○ Lustige Personen mit Humor.

8. • _____ ○ Ein eleganter Typ.

Was für einen Charakter hast du?

20 Ergänze die Endungen, wo es nötig ist.

1. Wie war d_____ kurz_____ Urlaub in Italien?

2. Wie findest du d_____ schwarz_____ Kleid da?

3. Das ist ein_____ exklusiv_____ Hotel. D_____ billigst_____ Zimmer kostet 210 Euro.

4. Mein_____ deutsch_____ Freunde sind heute abgereist.

5. Hast du mein_____ neu_____ Auto schon gesehen?

6. Ich suche ein_____ braun_____ Mantel oder ein_____ blau_____ Anorak.

7. Ich habe gestern ein_____ interessant_____ Buch gelesen.

8. Heute ist es kalt. Ich ziehe ein_____ warm_____ Pullover an.

9. Auf der Party habe ich viel_____ nett_____ Leute kennen gelernt.

10. Gefällt dir mein_____ grün_____ Sweatshirt?

11. Viel_____ lieb_____ Grüße aus Berlin!

12. Ich esse ein_____ klein_____ Stück Kuchen und trinke ein_____ schwarz_____ Kaffee.

C 21 Was fragt die Interviewerin?

Die Interviewerin fragt Herrn Hansen,

Herr Hansen,
seit wann wohnen Sie auf Hiddensee?
Wohnen Sie allein hier?
Haben Sie noch Kontakt zu Ihren Kollegen?
Was machen Sie den ganzen Tag?
Langweilen Sie sich manchmal?
Sind Sie mit Ihrem Leben zufrieden?
Haben Sie Pläne für die Zukunft?

22 Direkte und indirekte Fragen. Forme um.

1. Wann fährst du nach Rom?   Ich möchte wissen,

2. Wo wirst du studieren?   Weißt du schon,

3. Wirst du ins Ausland gehen?   Ich frage dich,

4. Warum lernt Peter so wenig?   Ich weiß nicht,

5. Wie spät ist es?   Kannst du mir sagen,

6. Mit wem geht Timo heute Abend aus?   Ich möchte wissen,

7. Was wird morgen passieren?   Ich möchte gerne wissen,

8. Ruft Tina mich später an?   Ich frage mich,

23 Ich weiß nicht ... Schreib die Sätze zu Ende.

1. ● Liegt das Parkhotel im Zentrum?   ● Ich weiß nicht,

2. ● Was kostet der Eintritt?   ● Ich weiß nicht,

3. ● Wie weit ist der Bahnhof entfernt?   ● Ich weiß nicht,

4. ● Um wie viel Uhr fährt der Bus ab?   ● Ich weiß nicht,

5. ● Gibt es hier ein Restaurant?   ● Ich weiß nicht,

6. ● Fährt dieser Bus zum Bahnhof?   ● Ich weiß nicht,

7. ● Sind die Geschäfte heute zu?   ● Ich weiß nicht,

8. ● Wie lange dauert der Film?   ● Ich weiß nicht,

24 Was weißt du nicht? Ergänze die Sätze frei.

Ich weiß nicht,

Ich weiß nicht,

Ich weiß nicht,

25 Bilde indirekte Fragen.

1. „Liebe ich Anna oder nicht?"

Peter fragt sich,

2. „Liebt Anna mich wirklich?"

Peter weiß nicht,

3. „Werden wir viel Zeit zusammen verbringen?"

Peter fragt sich,

4. „Sollen wir Schluss machen?"

Peter ist nicht sicher,

5. „Ist Anna die Richtige für mich?"

Peter ist nicht sicher,

6. „Bin ich verrückt?"

Peter fragt sich,

7. „Wird Anna mir verzeihen?"

Peter ist nicht sicher,

8. „Werden wir noch glücklich sein?"

Peter ist nicht sicher,

26 *Ob* oder *wenn*? Ergänze.

1. Die Touristen wollen wissen,   das Museum geöffnet ist.

2. Ich weiß nicht,   ich nach Berlin mitfahren soll.

3. Wir kommen bestimmt,   wir Zeit haben.

4. Ich möchte wissen,   du mich liebst oder nicht.

5. Ich komme zur Party, aber nur,   du mich einlädst.

6. Die Schüler wissen noch nicht,   sie nach Spanien fahren werden.

7. Fahren wir trotzdem in Urlaub,   Klaus nicht mitkommt?

Wörtertraining

1 Was passt zu dir? Kreuze an. Dann frage deinen Partner / deine Partnerin.

	ich	dein Partner / deine Partnerin
Ich möchte nicht langweilig aussehen.		
Durch Kleidung möchte ich meinen Charakter zeigen.		
Ich mag sportliche, bequeme Kleidung.		
Ich trage nur Markenkleidung.		
Es ist mir egal, was ich anhabe.		
Die Kleidung in Schwarz gefällt mir nicht.		
Ich mag grelle Farben.		

2 Lies den Text und antworte Hanna.

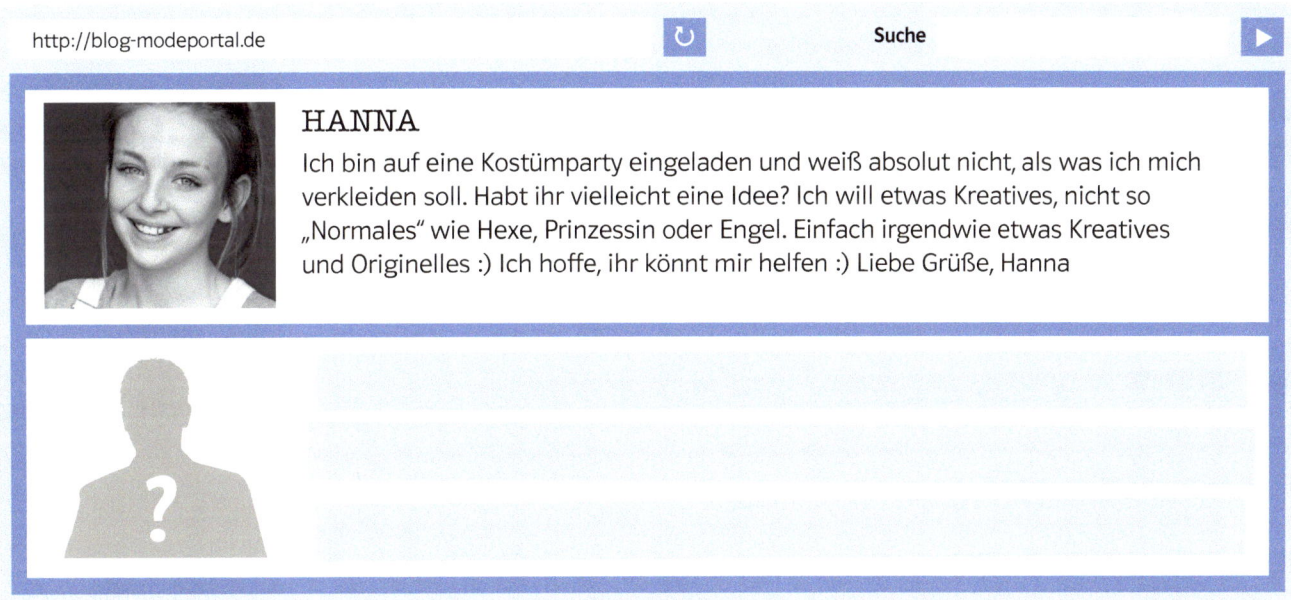

http://blog-modeportal.de   ↻   Suche   ▶

HANNA

Ich bin auf eine Kostümparty eingeladen und weiß absolut nicht, als was ich mich verkleiden soll. Habt ihr vielleicht eine Idee? Ich will etwas Kreatives, nicht so „Normales" wie Hexe, Prinzessin oder Engel. Einfach irgendwie etwas Kreatives und Originelles :) Ich hoffe, ihr könnt mir helfen :) Liebe Grüße, Hanna

3 Was möchtest du in diesen Situationen wissen? Formuliere die Fragen.

1. Dein Freund hat dich ins Kino eingeladen.

   Ich möchte wissen,

2. Deine Freundin ist sehr traurig.

   Ich möchte wissen,

Lektion 22 GEFÜHLE, TRÄUME UND EMOTIONEN

A 1 Welches Adjektiv passt? Verbinde und notiere wie im Beispiel.

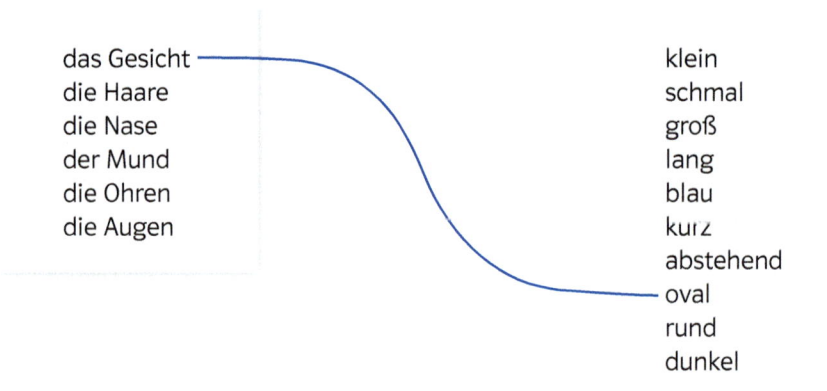

das Gesicht	klein
die Haare	schmal
die Nase	groß
der Mund	lang
die Ohren	blau
die Augen	kurz
	abstehend
	oval
	rund
	dunkel

ein ovales Gesicht,

2 Antworte.

1. Was für einen Charakter hat deine Freundin? (stark)

2. Was für eine Persönlichkeit bist du? (energisch)

3. Was für Augen hat deine Schwester? (groß, dunkel)

4. Was für Haare hat dein Bruder? (kurz, blond)

5. Was für eine Figur hat Tina? (schlank)

6. Was für einen Körper hat Max? (muskulös)

7. Was für ein Gesicht hast du? (rund)

8. Was für ein Herz hat deine Oma? (warm, sensibel)

Lektion 22

3 Beschreibe dich selbst.

Ich habe ein   Gesicht,

eine   Nase,   Augen,

        und   Haare,

(k)einen   Körper und

(k)eine   Figur.

Meine Freunde sagen, dass ich   und   bin.

Aber das stimmt nicht, ich bin   und

4 Beschreibe die Personen.

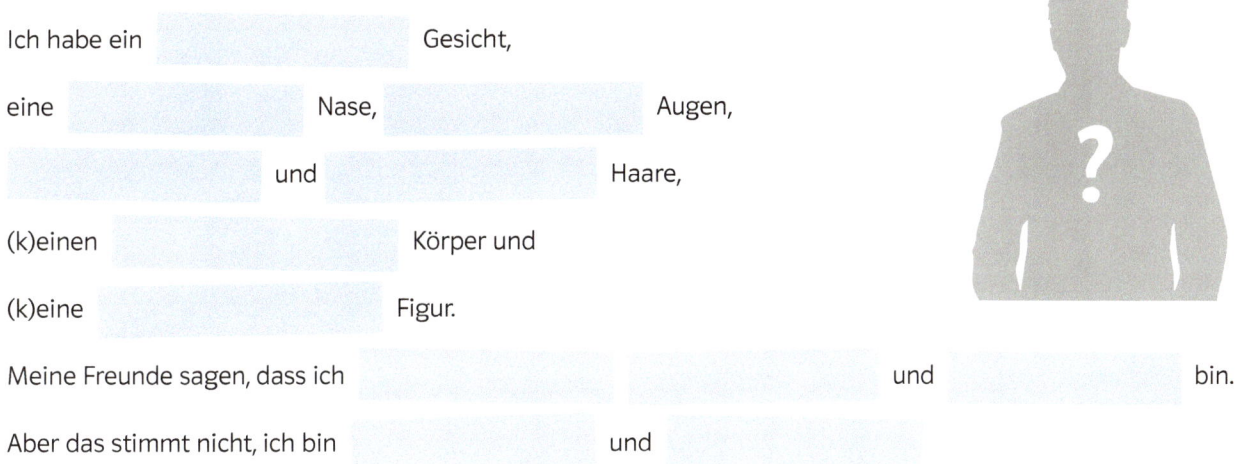

Der Mann auf Bild A hat ein quadratisches Gesicht, kleine Augen

5 Sieh dir die Zeichnungen aus 4 an. Stellt Fragen und antwortet.

Was für ein Gesicht
hat der Mann auf Bild A?

Er hat ein
quadratisches Gesicht.

Was für Haare hat die Frau auf Bild C?

Sie hat …

6 Mit wem treffen sich die Leute? Bilde Sätze.

Peter Müller,
Top-Manager,
erfolgreich

Claudia Schmidt,
Sekretärin,
humorvoll

Julian Weber,
Polizist,
gut aussehend

Monika Krause,
Tierärztin,
kontaktfreudig

Max Braun,
Deutschlehrer,
sportlich

Lena Lange,
Biologin,
sympathisch

Der erfolgreiche Top-Manager Peter Müller trifft sich mit der humorvollen Sekretärin Claudia Schmidt.

Mit wem triffst
du dich besonders gern?

Wie sind diese
Menschen?

Mit welcher Person
aus Übung 6 möchtest
du dich treffen? Warum?

7 Beantworte die Fragen.

1. In was für einer Firma arbeitet Herr Schulz? (international)

Er arbeitet in einer internationalen Firma.

2. In was für einer Wohnung wohnt Olga? (gemütlich)

3. Mit was für einem Mädchen ist Julian befreundet? (sensibel)

4. Mit was für einem Jungen möchte Jessika ausgehen? (intelligent, gut aussehend)

5. In was für einem Konzert war Markus gestern? (klassisch)

8 Bilde Minidialoge.

1. Land / Urlaub machen · exotisch

● *In was für einem Land möchtest du Urlaub machen?*

○ *In einem exotischen Land.*

2. Wohnung / wohnen · groß / mit Terrasse

●

○

3. Jugendherberge / übernachten · gut gelegen

●

○

4. Sprachschule / besuchen · international

●

○

In was für einen Musikclub möchtest du heute gehen?

9 Attraktiv aussehen. Was passt (nicht) zusammen? Bilde Sätze.

der Pullover • die Jacke • das Polo-
hemd • die Hose • der Rock • die
Schuhe • der Anzug • die Jeans • das
T-Shirt • das Kleid • die Bluse • die
Handschuhe • der Schal • die Sonnen-
brille • die Lederhose • die Socken

rot • gelb • sportlich • grün • extravagant
• lang • gepunktet • gestreift • modisch •
schwarz • elegant • schick • braun • golden •
gemustert • bequem • warm • dick •
hässlich • breit • schmal

Der rote Pullover passt zu dem schwarzen Polohemd.

Die grünen Handschuhe passen nicht zu dem roten Schal.

10 Bilde Sätze wie im Beispiel.

1. ein netter Junge	▶	Ich möchte *nette Jungen*	kennen lernen.
2. ein hübsches Mädchen	▶	Ich möchte	kennen lernen.
3. ein sportlicher Typ	▶	Ich möchte	kennen lernen.
4. ein intelligenter Mann	▶	Ich möchte	kennen lernen.
5. eine nette Frau	▶	Ich möchte	kennen lernen.
6. ein ruhiges Kind	▶	Ich möchte	kennen lernen.
7. eine sympathische Schülerin	▶	Ich möchte	kennen lernen.

11 Ergänze die Endungen.

1. Thomas ist ein schick__ Typ und er kauft nur in elegant__ Geschäften.

2. Auf dem Flohmarkt habe ich einen alt__ japanisch__ CD-Player, eine romantisch__ Bluse

und alt__ Deutschbücher gekauft.

3. • Gefällt dir das gestreift__ Hemd da?

    ◦ Nein, gestreift__ Hemden finde ich hässlich!

4. In meinem neu__ Zimmer habe ich viel Platz.

5. Kommst du zu der lustig__ Kostümparty von Anna?

6. Bei schön__ Wetter können wir baden gehen.

7. Wo treffen wir uns? Vor dem neu__ Kino oder in der bekannt__ Konditorei?

8. In der klein__ Boutique ist alles zu teuer. Ich kaufe lieber in dem groß__ Kaufhaus.

B 12 Was passt zusammen? Ordne zu.

1. __ viel zu tun
2. __ eine schwierige Prüfung
3. __ Profispieler
4. __ im Internat
5. __ viel unterwegs
6. __ ein Praktikum

a. werden
b. absolvieren
c. haben
d. ablegen
e. wohnen
f. sein

13 Schreib die Sätze zu Ende. Du kannst den Wortschatz aus 12 verwenden.

1. Wenn ich könnte,

2. Ich wäre glücklich, wenn

3. Ach, wenn ich

4. Wenn ich

5. Es wäre super, wenn

14 Lies die Texte im Kursbuch (S. 61) noch einmal. Beantworte die Fragen.

1. Peter Nimsch wohnt in einem Internat. Warum?

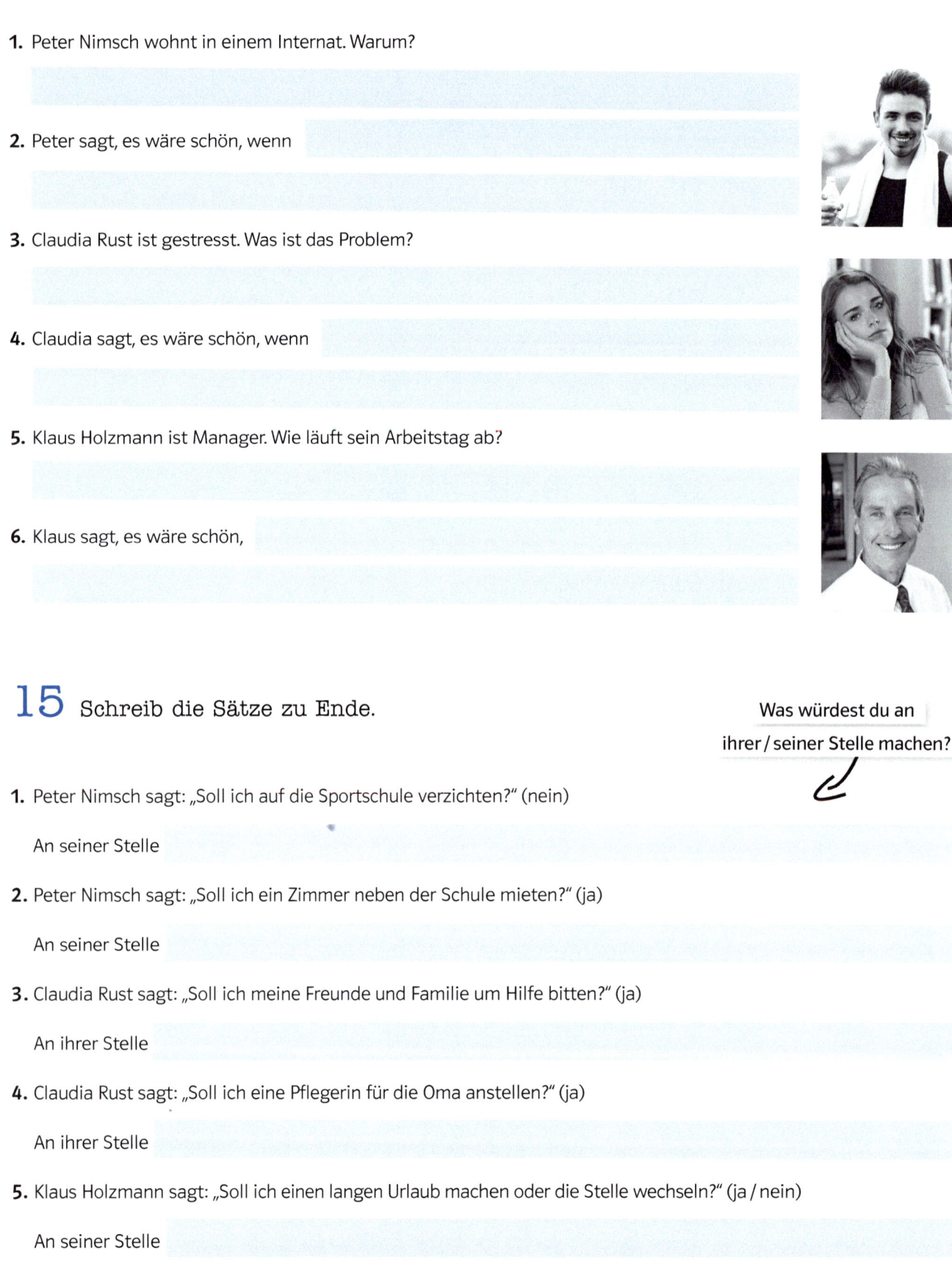

2. Peter sagt, es wäre schön, wenn

3. Claudia Rust ist gestresst. Was ist das Problem?

4. Claudia sagt, es wäre schön, wenn

5. Klaus Holzmann ist Manager. Wie läuft sein Arbeitstag ab?

6. Klaus sagt, es wäre schön,

15 Schreib die Sätze zu Ende.

Was würdest du an
ihrer / seiner Stelle machen?

1. Peter Nimsch sagt: „Soll ich auf die Sportschule verzichten?" (nein)

An seiner Stelle

2. Peter Nimsch sagt: „Soll ich ein Zimmer neben der Schule mieten?" (ja)

An seiner Stelle

3. Claudia Rust sagt: „Soll ich meine Freunde und Familie um Hilfe bitten?" (ja)

An ihrer Stelle

4. Claudia Rust sagt: „Soll ich eine Pflegerin für die Oma anstellen?" (ja)

An ihrer Stelle

5. Klaus Holzmann sagt: „Soll ich einen langen Urlaub machen oder die Stelle wechseln?" (ja / nein)

An seiner Stelle

16 Ratschläge. Schreib Sätze.

1. Soll ich Rita anrufen?

An deiner Stelle würde ich sie anrufen.

Du könntest

Wenn ich du wäre,

Rita ist meine beste Freundin.
Wir hatten gestern Streit.
Ich möchte mich entschuldigen.

Was soll ich tun?

2. Soll ich Rita ins Kino einladen?

3. Soll ich Rita eine Kurznachricht schicken?

4. Soll ich mit Rita sprechen?

5. Soll ich Rita Blumen schenken?

17 Antworte.

Was würdest du machen, wenn
du einen Konflikt … hättest?

mit deinem besten Freund

mit deinen Geschwistern

mit deinem Lehrer

C 18 Entschuldige dich bei einer Person. Schreib eine Kurznachricht.

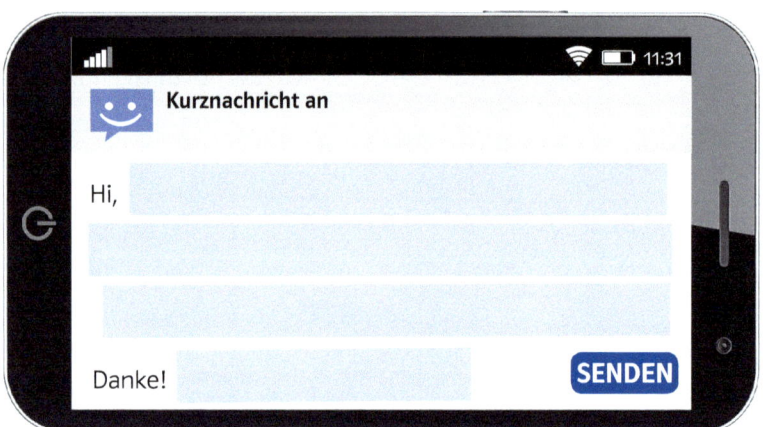

19 Was würdest du in diesen Situationen machen? Beantworte die Frage.

20 Konjunktiv II. Ergänze die Tabelle.

	haben	sein	dürfen	können	müssen
ich	*hätte*				
du		*wärest*			
er, sie, es			*dürfte*		
wir				*könnten*	
ihr					*müsstet*
sie, Sie		*wären*			

21 Es wäre schön, wenn … Formuliere die Sätze um.

1. Rita kann nicht kommen.   *Es wäre schön, wenn sie kommen könnte!*

2. Rita hat keine Zeit für mich.

3. Rita muss zu Hause bleiben.

4. Rita darf abends nicht weggehen.

5. Rita ist immer müde.

6. Rita kann nicht Tennis spielen.

7. Rita muss bis 18.00 Uhr lernen.

22 Beantworte die Fragen frei.

1. Was würdest du machen, wenn du plötzlich reich wärest?

2. Was würdest du machen, wenn du 100 Euro auf der Straße finden würdest?

3. Was würdest du machen, wenn du drei Fremdsprachen sehr gut sprechen würdest?

4. Was würdest du machen, wenn dein bester Freund Probleme hätte?

5. Was würdest du machen, wenn du Geld brauchen würdest?

6. Was würdest du machen, wenn du dich verspäten würdest?

23 Richtig (R) oder falsch (F)? Hör zu und kreuze an. > HÖREN ▶ 6

Hallo, Tanja,
hier spricht Lukas …

	R	F
1. Lukas möchte Tanja ins Kino einladen.		
2. Tanja ist die Freundin von Lukas.		
3. Tanja würde sich freuen, wenn Lukas sie einladen würde.		
4. Lukas würde sich freuen, wenn Tanja mit ihm ausgehen würde.		
5. Tanjas Freund hätte nichts dagegen, wenn Tanja mit Lukas ausgehen würde.		
6. Tanjas Freund würde sich ärgern, wenn Tanja die Einladung von Lukas annehmen würde.		
7. Tanja würde die Einladung von Lukas annehmen, wenn sie nicht mit Max verabredet wäre.		
8. Tanjas Freundin Martina hat einen festen Freund.		
9. Tanjas Freundin Martina würde sich freuen, wenn jemand sie einladen würde.		
10. Lukas möchte gern mit Martina ausgehen.		

24 Tanja und Lukas. Schreib die Sätze zu Ende.

1. Lukas sagt: „Ach, wenn Tanja

2. Lukas denkt, Max würde sich ärgern, wenn

3. Lukas vermutet, Max würde

4. Lukas fragt: „Tanja hättest du mal Lust,

5. Tanja antwortet: „Wenn ich keinen festen Freund hätte,

6. Tanja sagt: „Lukas, du könntest

7. Tanja meint, Martina würde sich freuen, wenn

Tschüs, Lukas!
Viel Glück, und lass
mich wissen …

Wörtertraining

1 Welche Adjektive passen hier? Sammle den Wortschatz.

Gesicht:

Nase:

Augen:

Haare:

Ohren:

Figur:

Mund:

Charakter:

2 Emotionen. Schreib die Sätze zu Ende.

1. Ich bin gelangweilt, wenn

2. Ich bin enttäuscht, wenn

3. Ich bin glücklich, wenn

4. Ich bin begeistert, wenn

5. Ich bin aufgeregt, wenn

6. Ich bin sauer, wenn

3 Wer wünscht sich was? Formuliere die Sätze.

1. Wenn ich ...

2. Würde ich ...

3. Hätte ich ...

4.

LISTE DER UNREGELMÄSSIGEN VERBEN

Infinitiv	Präsens (3. Person Singular)	Perfekt (Hilfsverb + Partizip II)
backen	backt / bäckt	hat gebacken
beginnen	beginnt	hat begonnen
bieten	bietet	hat geboten
bitten	bittet	hat gebeten
bleiben	bleibt	ist geblieben
brechen	bricht	hat gebrochen
bringen	bringt	hat gebracht
denken	denkt	hat gedacht
essen	isst	hat gegessen
fahren	fährt	ist / hat gefahren
fallen	fällt	ist gefallen
finden	findet	hat gefunden
fliegen	fliegt	ist / hat geflogen
geben	gibt	hat gegeben
gehen	geht	ist gegangen
gewinnen	gewinnt	hat gewonnen
haben	hat	hat gehabt
halten	hält	hat gehalten
hängen	hängt	hat gehangen
heißen	heißt	hat geheißen
helfen	hilft	hat geholfen
kennen	kennt	hat gekannt
kommen	kommt	ist gekommen
laden	lädt	hat geladen
lassen	lässt	hat gelassen
laufen	läuft	ist gelaufen
leihen	leiht	hat geliehen
lesen	liest	hat gelesen
liegen	liegt	hat gelegen
lügen	lügt	hat gelogen
nehmen	nimmt	hat genommen

unregelmäßige **Verben**

Infinitiv	Präsens (3. Person Singular)	Perfekt (Hilfsverb + Partizip II)
nennen	nennt	hat genannt
raten	rät	hat geraten
reiten	reitet	ist geritten
rufen	ruft	hat gerufen
scheinen	scheint	hat geschienen
schlafen	schläft	hat geschlafen
schlagen	schlägt	hat geschlagen
schreiben	schreibt	hat geschrieben
schwimmen	schwimmt	ist / hat geschwommen
sehen	sieht	hat gesehen
sein	ist	ist gewesen
singen	singt	hat gesungen
sitzen	sitzt	hat gesessen
sprechen	spricht	hat gesprochen
springen	springt	ist gesprungen
stehen	steht	hat gestanden
steigen	steigt	ist gestiegen
streiten	streitet	hat gestritten
tragen	trägt	hat getragen
treffen	trifft	hat getroffen
trinken	trinkt	hat getrunken
tun	tut	hat getan
vergessen	vergisst	hat vergessen
verlieren	verliert	hat verloren
wachsen	wächst	ist gewachsen
waschen	wäscht	hat gewaschen
werden	wird	ist geworden
wiegen	wiegt	hat gewogen
wissen	weiß	hat gewusst
ziehen	zieht	hat gezogen

MEINE LIEBLINGSWÖRTER

Meine **Wörter**

DIE SCHWIERIGSTEN WÖRTER FÜR MICH

Trackliste Kursbuch

Track	Lektion, Übung
1	Lektion 19, Übung 1
2	Lektion 19, Übung 3
3	Lektion 19, Übung 9
4	Lektion 19, Übung 11
5	Lektion 19, Übung 17
6	Lektion 19, Übung 18
7	Lektion 19, Phonetik, Übung 1
8	Lektion 19, Phonetik, Übung 2
9	Lektion 19, Zwischenstopp 19, Übung 2
10	Lektion 20, Übung 2
11	Lektion 20, Übung 4
12	Lektion 20, Übung 15
13	Lektion 20, Übung 16
14	Lektion 20, Übung 17
15	Lektion 20, Übung 19
16	Lektion 20, Phonetik, Übung 2
17	Lektion 20, Zwischenstopp 20, Übung 2
18	Lektion 20, Zwischenstopp 20, Übung 4
19	Lektion 21, Übung 2
20	Lektion 21, Übung 11
21	Lektion 21, Übung 13
22	Lektion 21, Übung 20
23	Lektion 21, Phonetik, Übung 1
24	Lektion 21, Zwischenstopp 21, Übung 2
25	Lektion 22, Übung 1
26	Lektion 22, Übung 12
27	Lektion 22, Übung 20
28	Lektion 22, Übung 28
29	Lektion 22, Phonetik, Übung 1
30	Lektion 22, Phonetik, Übung 2
31	Lektion 22, Zwischenstopp 22, Übung 2

Trackliste Übungsbuch

Track	Lektion, Übung
1	Lektion 19, Übung 23
2	Lektion 20, Übung 9
3	Lektion 20, Übung 13
4	Lektion 21, Übung 15
5	Lektion 21, Übung 16
6	Lektion 22, Übung 23

Tonaufnahmen

Sprecher und Sprecherinnen: Jenny Ulbricht, Stefan Moos, Leo Guillier, Leonie Keller, Luzie Marquardt, Jakob Vogt
Produktion: Bauer Studios GmbH, Ludwigsburg (internationale Ausgabe)

Bild- und Quellennachweis

U1.1 Corbis (237/Sam Edwards/Ocean), Berlin; 3.1 Thinkstock (Chagin), München; 4.1 Shutterstock (asife), New York; 5.1 Thinkstock (Comstock), München; 7.1 stock.adobe.com (Syda Productions), Dublin; 9.10 Shutterstock (Andrey Novikov), New York; 9.1 Shutterstock (stefanolunardi), New York; 9.11 Thinkstock (heckmannoleg), München; 9.12 Thinkstock (ajr_images), München; 9.13 Shutterstock (Val Thoermer), New York; 9.14 Thinkstock (Jupiterimages), München; 9.15 Thinkstock (g-stockstudio), München; 9.2 Thinkstock (erkan523), München; 9.3 Thinkstock (gpointstudio), München; 9.4 Shutterstock (mattomedia Werbeagentur), New York; 9.5 Thinkstock (Jochen Sands), München; 9.6 Thinkstock (Digital Vision), München; 9.7 Shutterstock (Tyler Olson), New York; 9.8 Shutterstock (dgdimension), New York; 9.9 Shutterstock (dgdimension), New York; 11.1 Thinkstock (Halfpoint), München; 11.2 Shutterstock (Monkey Business Images), New York; 11.3 Shutterstock (Monkey Business Images), New York; 11.4 Shutterstock (TAGSTOCK1), New York; 13.1 Shutterstock (TAGSTOCK1), New York; 14.1 Shutterstock (Monkey Business Images), New York; 14.2 Shutterstock (goodluz), New York; 14.3 Shutterstock (Lisa F. Young), New York; 14.4 Thinkstock (Chagin), München; 15.1 Thinkstock (Comstock Images), München; 15.2 Thinkstock (Ranta Images), München; 15.3 Shutterstock (goodluz), New York; 19.1 stock. adobe.com (Kzenon), Dublin; 19.2 Shutterstock (baranq), New York; 19.3 grundmanngestaltung (grundmanngestaltung), Karlsruhe; 20.1 Thinkstock (Zeljko Bozic), München; 20.2 Shutterstock (Mila Supinskaya), New York; 21.1 Thinkstock (Zeljko Bozic), München; 21.2 Shutterstock (Robert Kneschke), New York; 22.1 Thinkstock (Photos.com), München; 22.2 Thinkstock (Lahiruudara), München; 23.1 mauritius images / Art Collection 2 / Alamy; 23.2 mauritius images / Art Collection 3 / Alamy; 23.3 mauritius images (SuperStock), Mittenwald; 24.1 Thinkstock (seewhatmitchsee), München; 25.1 Shutterstock (Natcha29), New York; 25.2 Thinkstock (Jacob Wackerhausen), München; 28.1 mauritius images (SuperStock / Fine Art Images), Mittenwald; 29.1 Thinkstock (Creativemarc), München; 29.2 Shutterstock (Nataliya Nazarova), New York; 29.3 Thinkstock (casadaphoto), München; 29.4 Thinkstock (Stockbyte), München; 29.5 Thinkstock (g_studio), München; 30.1 Shutterstock (TasfotoNL), New York; 30.2 Shutterstock (bloody), New York; 30.3 Shutterstock (lucarista), New York; 31.1 grundmanngestaltung (grundmanngestaltung), Karlsruhe; 35.1 Shutterstock (Bascar), New York; 35.2 grundmanngestaltung (grundmanngestaltung), Karlsruhe; 36.1 Thinkstock (Zeljko Bozic), München; 37.1 Thinkstock (Zeljko Bozic), München; 37.2 Shutterstock (Monkey Business Images), New York; 37.3 Thinkstock (gutaper), München; 40.1 Shutterstock (leungchopan), New York; 40.2 Shutterstock (oliveromg), New York; 40.3 Shutterstock (Andrey Arkusha), New York; 41.1 Thinkstock (Rohappy), München; 42.1 Shutterstock (Robert Kneschke), New York; 42.2 Thinkstock (shironosov), München; 44.1 Thinkstock (Rohappy), München; 45.1 Thinkstock (NYS444), München; 45.2 Thinkstock (khvost), München; 45.3 Thinkstock (Hemera Technologies), München; 45.4 Thinkstock (Chiyacat), München; 47.1 Shutterstock (Viktor Houska), New York; 48.1 Thinkstock (Varni1968), München; 48.2 Shutterstock (Nadino), New York; 53.1 Thinkstock (cloverphoto), München; 54.1 Thinkstock (Zeljko Bozic), München; 54.2 Shutterstock (pikselstock), New York; 54.3 Shutterstock (Viktor Gladkov), New York;

55.1 Shutterstock (Simon Greig), New York; 55.2 Thinkstock (Wavebreakmedia Ltd), München; 55.3 Thinkstock (Ablestock.com), München; 56.1 Shutterstock (asife), New York; 57.1 Thinkstock (rvlsoft), München; 59.1 Shutterstock (asife), New York; 59.2 Thinkstock (Eyecandy Images), München; 59.3 Shutterstock (Syda Productions), New York; 61.1 Thinkstock (ArthurHidden), München; 61.2 Thinkstock (Wavebreakmedia Ltd), München; 61.3 Thinkstock (ajr_images), München; 62.1 Thinkstock (Pixland), München; 69.1 Thinkstock (tiler84), München; 69.2 Alamy (GFC Collection RF), Abingdon, Oxfordshire; 70.1 Thinkstock (Zeljko Bozic), München; 70.2 Thinkstock (AlexRaths), München; 70.3 Thinkstock (NADOFOTOS), München; 70.4 Thinkstock (Purestock), München; 70.5 Thinkstock (SanneBerg), München; 70.6 Thinkstock (teksomolika), München; 70.7 Thinkstock (Wavebreakmedia), München; 71.1 Thinkstock (Zeljko Bozic), München; 71.2 Thinkstock (Comstock), München; 74.10 Shutterstock (dgdimension), New York; 74.1 Shutterstock (stefanolunardi), New York; 74.11 Shutterstock (Tyler Olson), New York; 74.12 Thinkstock (ajr_images), München; 74.2 Thinkstock (erkan523), München; 74.3 Thinkstock (gpointstudio), München; 74.4 Shutterstock (mattomedia Werbeagentur), New York; 74.5 Thinkstock (Jochen Sands), München; 74.6 Thinkstock (Digital Vision), München; 74.7 Thinkstock (g-stockstudio), München; 74.8 Thinkstock (Jupiterimages), München; 74.9 Shutterstock (Andrey Novikov), New York; 77.1 Shutterstock (Jet Cat Studio), New York; 78.1 Shutterstock (Eric Isselee), New York; 78.2 Shutterstock (MilsiArt), New York; 78.3 Shutterstock (Igor Kovalchuk), New York; 78.4 Shutterstock (Photok.dk), New York; 78.5 Shutterstock (Eric Isselee), New York; 78.6 Shutterstock (gillmar), New York; 78.7 Shutterstock (Vangert), New York; 78.8 Shutterstock (cynoclub), New York; 79.1 Thinkstock (viki2win), München; 85.1 Thinkstock (Halfpoint), München; 87.1 mauritius images (SuperStock), Mittenwald; 88.1 Thinkstock (eurobanks), München; 89.2 Thinkstock (Photos.com), München; 89.2 iStockphoto (Grafissimo), Calgary, Alberta; 89.3 Thinkstock (GeorgiosArt), München; 90.1 Thinkstock (NADOFOTOS), München; 91.1 Thinkstock (tetmc), München; 92.1 Thinkstock (monkeybusinessimages), München; 96.1 Shutterstock (Robert Kneschke), New York; 97.3 Thinkstock (Comstock), München; 100.1 Thinkstock (MonicaNinker), München; 101.1 Thinkstock (Grafner), München; 102.1 Thinkstock (Brand X Pictures), München; 105.1 Shutterstock (Syda Productions), New York; 107.1 Thinkstock (demaerre), München; 109.1 Thinkstock (DGLimages), München; 109.2 Thinkstock (syntika), München; 111.1 Thinkstock (syntika), München; 112.1 Thinkstock (MangoStar_Studio), München; 112.2 Thinkstock (NADOFOTOS), München; 112.3 Thinkstock (MattoMatteo), München; 112.4 Thinkstock (Wavebreakmedia Ltd), München; 112.5 Thinkstock (Purestock), München; 112.6 Thinkstock (g-stockstudio), München; 113.1 Thinkstock (JBrownInTheLight), München; 116.1 Thinkstock (ArthurHidden), München; 116.2 Thinkstock (Wavebreakmedia Ltd), München; 116.3 Thinkstock (ajr_images), München; 117.1 Thinkstock (Jenny_Hill), München; 118.1 Thinkstock (rvlsoft), München; 119.1 iStockphoto (jaroon), Calgary, Alberta; 120.1 Thinkstock (SementsovaLesia), München; 120.2 Thinkstock (Paul), München; 121.1 Thinkstock (Wavebreakmedia Ltd), München; 121.2 Thinkstock (shironosov), München; 121.3 Thinkstock (humonia), München; 121.4 Thinkstock (fotokostic), München